MAGDEBURG von A–Z

Ein Farbbildband mit einem Stichwortverzeichnis

Helmuth-Block-Verlag, Magdeburg

Joh. Heinr. Meyer Verlag, Braunschweig

Texte: Sabine Steinweg
Fotos: Sweclelin Georgiew, Dieter Behne, Johannes Süßmuth Block-Verlag
Übersetzung: Intertext Magdeburg
© 1992 bei Verlag Helmuth Block, Magdeburg
         bei Verlag Joh. Heinr. Meyer, Braunschweig
Alle Rechte vorbehalten.
Nachdruck – auch auszugsweise – nur mit besonderer
Genehmigung der Verlage
Satz und Gestaltung: Helmuth-Block-Verlag, Magdeburg
Druck: Joh. Heinr. Meyer, 3300 Braunschweig
Printed in Germany 1992
ISBN 3-910173-09-8

Translation/Traduction
Translations will be found from page 47 onwards.
Les traduction vous trouvez depuis la page 47.

~~M~~agdeburg – eine Stadt im Wandel

Landeshauptstadt von Sachsen-Anhalt befindet sich Magde-
g im Umbruch von einem Zentrum des Schwermaschinen-
ues zu einer Stadt der Kultur, Bildung und Verwaltung.

tausendjährige Geschichte der ehemaligen Hansestadt geht
ück bis ins 9.Jahrhundert. Zu dieser Zeit war Magdeburg
estigter Handelsplatz an der Ostseite des Karolingischen
ches.

Elbe ist die Lebensader der Stadt, dies manifestiert sich im
nenhafen Magdeburgs. Kaiser Otto I. und seine Gemahlin
hlten diesen günstig gelegenen Platz; so wurde Magdeburg im
Jahrhundert eine bevorzugte Kaiserpfalz und ein wichtiges po-
ch-ökonomisches und geistiges Zentrum.

Machtzentrum des Erzbistums entwickelte sich im 11. und
Jahrhundert Handelstätigkeit und damit ein wirtschaftlicher
schwung, der nicht zuletzt in der Verbreitung des Magdeburger
chts sichtbar wurde.

e von Repgow schrieb zwischen 1220 und 1232 den Sachsen-
egel, das bedeutendste Rechtsbuch des Mittelalters. Diese
n ersten Mal schriftlich festgehaltenen Grundsätze verbreiteten
über Deutschland hinaus in ganz Europa und hatten gro-
Einfluß auf die allgemeine Stabilisierung des Rechts. Das
agdeburger Stadtrecht" beruhte mittelbar auf den Grundsätzen
s Sachsenspiegels und hatte besondere Bedeutung für Ost-
opa. Magdeburg war im 16. Jahrhundert mit 25 000 Einwoh-
n und 4,5 km Umfang eine der größten Städte Deutschlands.

war eine bedeutende Streiterin für die Reformation Dr. Martin
hers. Im Dreißigjährigen Krieg wurde Magdeburg total zerstört.
r Wiederaufbau im Stil des Barocks erfolgte im 18. Jahrhundert.
dieser Zeit wurde die Stadt zur stärksten Festung Preußens
sgebaut. Im 19. Jahrhundert, mit Beginn der industriellen Revo-
on, entwickelte sich Magdeburg zu einem wichtigen Zentrum
s Maschinen- und später Schwermaschinenbaus in Deutsch-
d. Nach dem Ende des zweiten Weltkrieges war nicht nur die In-
nstadt schwer zerstört, sondern auch große Schäden in den
renden Industriebetrieben entstanden. Viel Mühe und Arbeit
Magdeburger hat es erfordert, die Stadt und die Industrie wie-
aufzubauen. Nur noch Reste der einstigen, bedeutenden
kral- und Profanbauten sind erhalten, wie zum Beispiel die
ocken Giebelhäuser Breiter Weg 178 und 179, die bauten des
rocks um den Domplatz, das Magdeburger Rathaus, das Haupt-
stgebäude Breiter Weg 203 – 206, das Kulturhistorische Muse-
und die repräsentativen Fassaden der Gründerzeit um die
rhundertwende rund um den Hasselbachplatz.

lange Geschichte der Stadt ist unter anderem von vielen histo-
hen Persönlichkeiten gekennzeichnet. Genannt seien: Otto
Guericke (1602–1686), Georg-Philipp Telemann (1681–1767)
rl Leberecht Immermann (1796 – 1840) und Eike von Repgow
80 – 1235).

s geistige und wissenschaftliche Leben erfährt durch die Uni-
sität entscheidende Impulse. Gespannt darf man auf die mitun-
umstrittene, kulturelle Entwicklung der Kommune sein. Magde-
g als Landeshauptstadt von Sachsen-Anhalt ist auf dem Wege
einem wichtigen Industrie- und Dienstleistungszentrum Sach-
n-Anhalts.

ch ein Wort zu den Bewohnern der Stadt: Sie sind nicht
erschäumend herzlich, doch tragen ihr Herz auf dem rechten
ck.

Magdeburg – a city undergoing radical change

Magdeburg, the capital city of Saxony-Anhalt, is presently undergoing radical change ready to transform from a former centre of
heavy machinery construction into a city of culture, education and
administration.

The history of the Hanseatic town of Magdeburg goes back as far
as the 9th century. In those days Magdeburg was a fortified trading
place on the eastern side of the Carolingian empire.

The River Elbe is the lifeline of the city - Magdeburg's inland harbour furnishing proof of this statement. In the 10th century the emperor Otto I and his wife settled down here turning Magdeburg into
a preferred imperial palace and an important political, economical
and intellectual centre.

Elevated to an archbishopric, trading developed in the 11th and
12th centuries, the first economic heyday, manifested also by the
spreading of the Magdeburg Law.

In the period from 1220 to 1232 Eike von Repgow wrote his "Sachsenspiegel", the most important book on principles of law of the
Middle Ages. These legal principles issued for the first time in writ-
ing spread all over Europe far beyond the borders of the German
provinces of those days and had a great influence on the general
stabilization of legal relations. The "Magdeburg Town Law" based
indirectly on the principles of the "Sachsenspiegel" is of special importance to Eastern Europe. The 13th century saw the heyday of
Gothic-style architecture.

With 25,000 inhabitants and a circumference of 4.5 kilometres,
Magdeburg was one of the biggest towns of Germany in the 16th
century.

Magdeburg supported Martin Luther's struggle for reforming medieval Christendom. The town was completely destroyed in the
course of the Thirty Years War. In the 18th century Magdeburg
was rebuilt in the style of Baroque. At the same time it was systematically reinforced to become the strongest fortress of Prussia.
The growth of the town was hastened in the 19th century by the industrial revolution turning Magdeburg into an important centre of
the machine building and heavy machinery construction industries.
The end of the Second World War did not only see the centre of the
city severely destroyed, but important industrial areas likewise.
The people of Magdeburg took a great deal of trouble to rebuild
both the town and the industry.

Only some remnants are left of the former splendid examples of
sacred and secular buildings such as the baroque-style gable houses in the street Breiter Weg 178 and 179, the baroque buildings
lining the Cathedral Square, the Magdeburg Town Hall, the Main
Post Office in the Breiter Weg 203-206, the Museum of History and
Culture, and the prestigious façades of the houses near the Hasselbachplatz, fine examples of the Gründerzeit architecture, the
period of rapid industrial expansion in Germany around the turn of
the century.

Magdeburg is a university town presently developing into the intellectual centre of Saxony-Anhalt. Magdeburg's long history is
characterized by many outstanding personalities. Here are just a
few names in place of many, many others: Otto von Guericke
(1602–1686); Georg-Philipp Telemann (1681–1767); Karl Leberecht Immermann (1796–1840); Eike von Repgow (1886–1940).

In the course of time Magdeburg being the capital city of Saxony-
Anhalt will develop into an important centre of science, industries
and services in Saxony-Anhalt.

Just one word about the people of Magdeburg: It is said that they
are not too warm-hearted, but they do have their hearts in the right
place.

Magdeburg – une ville en changement

Devenue capitale du Land de Saxe-Anhalt, la ville de Magdeburg
est en train de se transformer d'un centre de la construction mécanique lourde en une ville de la culture, de l'éducation et de l'administration.

L'histoire vieille de plus de mille ans de la ville hanséatique de
Magdeburg remonte jusqu'au IXe siècle. A cette époque, Magdeburg fut un centre de commerce fortifié sur la frontière orientale de
l'empire carolingien. L'importance de l'Elbe comme l'artère vitale
de la ville se manifeste au port fluvial de Magdeburg.

Grâce à sa situation géographique avantageuse, la ville devint au
Xe siècle l'une des résidences impériales préférées de l'empereur
Otton Ier et de son épouse, tout en se transformant en un impor-
tant centre politique, économique et intellectuel.

Dans sa fonction de centre de pouvoir de l'archevêché, la ville con-
nut aux XIe et XIIe siècles un progrès dans les activités commercia-
les et un essor économique dont témoigne aussi la diffusion du
droit municipal de Magdeburg.

Entre 1220 et 1232, Eike von Repgow rédigea le "Sachsenspiegel",
le plus important code juridique du Moyen Age. Les principes de
droit fixés pour la première fois en écrit dans ce livre se répandirent
au-delà de l'Allemagne en toute l'Europe et exercèrent une influence importante sur la stabilisation générale des conditions juridi-
ques.

Le "droit municipal de Magdeburg" qui repose indirectement sur les
principes du "Sachsenspiegel", avait une importance particulière pour l'Europe orientale. Au XIIIe siècle, l'architecture gothique
atteignit son apogée.

Comptant 25.000 habitants et ayant une circonférence de 4,5 km,
Magdeburg fut une des plus grandes villes d'Allemagne au XVIe
siècle.

La ville se batta en faveur de la réformation de Martin Luther.
Durant la guerre de Trente Ans, Magdeburg fut totalement détruite.
Sa reconstruction dans le style du baroque fut entreprise au XVIIIe
siècle. A cette époque, Magdeburg fut transformée en la plus importante fortification de la Prusse. Au XIXe siècle lorsque la révolu-
tion industrielle prit son début, Magdeburg devenit un centre important de la construction mécanique et de la grosse construction
mécanique en Allemagne.

La Seconde guerre mondiale avait occasionné de forts dégâts tant
au centre-ville que dans les plus grandes usines industrielles. La
reconstruction de la ville et de l'indus-trie fut un travail énorme et
demanda de nombreux efforts de la part des habitants de Magdeburg. Seuls les vestiges des anciennes constructions sacrales et
profanes importantes sont conservés, telles que les maisons à pig-
non baroques dans la rue Breiter Weg 178 et 179, les constructions baroques autour de la place de la cathédrale (Domplatz),
l'hôtel de ville de Magdeburg, le bâtiment de la grande poste dans
la rue Breiter Weg 203 – 206, le musée de l'histoire culturelle et les
façades des bâtiments autour de la Hasselbachplatz qui représen-
tent le style architectural de la fin du siècle dernier (Gründerzeit).

Etant aussi un site universitaire, Magdeburg est devenu un centre
intellectuel de la Saxe-Anhalt. La longue histoire de Magdeburg
est marquée par de nombreuses personnalités importantes dont
voici quelques exemples : Otto von Guericke (1602 – 1686), Georg-Philipp Telemann (1681 – 1767), Karl Leberecht Immermann
(1796 – 1840). Chef-lieu du Land de la Saxe-Anhalt, la ville de
Magdeburg deviendra un centre régional important des sciences,
de l'industrie et du secteur tertiaire.

Un dernier mot quant au caractère des citadins : Sans être d'une
cordialité débordante, ils ont pourtant bon cœur.

Das **Rathaus** feierte 1991 sein 300jähriges Bestehen. Am 14. September 1691 wurde der Grundstein für die Westfront des heutigen Magdeburger Rathausgebäudes gelegt. Das erste Rathaus wurde allerdings schon im 13. Jahrhundert errichtet, doch ein Brand zerstörte es. Ein weiteres Gebäude entstand in der heutigen Jakobstraße, das wiederrum 1631 zerstört wurde. Das Rathaus wurde im Stil italienisch-niederländischer Renaissance gebaut. Nach der Zerstörung 1945 wurde das ausgebrannte Gebäude an der Marktseite im Sinne des 17. Jahrhunderts wiederhergestellt, zur Ostseite ein dreischiffiger Neubau mit Satteldächern und Ostgiebeln angefügt. Die Bronzetür, 1970 von Heinrich Apel (geb. 1935) geschaffen, führt die Tradition der berühmten Magdeburger Bronzegießerei fort.

Auch den Magdeburgern soll **Till Eulenspiegel** einen Streich gespielt haben. Der Brunnen auf dem **Alten Markt** zeigt ihn in einer Siegerpose, die solche Schlüsse zuläßt.

Im Hintergrund sind an einer Mauer **alte Hauszeichen**, die einst die Häuser der Renaissance und des Barock schmückten, angebracht.Sie waren nicht nur Schmuck des betreffenden Bürgerhauses, sondern erfüllten gleichzeitig die Funktion einer Hausnummer, die zu vergeben noch nicht üblich war.

So gab es ein Haus "Zum schwarzen Raben" oder "Zum goldenen Bienenkorb". Die heute zu betrachtenden Hauszeichen konnten aus den Trümmern der 1945 zerstörten Stadt geborgen werden.

DIESE ALTEN HAUSZEICHEN SCHMÜCKTEN EINST DIE HÄUSER DER RENAISSANCE UND DES BAROCK SIE WURDEN AUS DEN TRÜMMERN DER AM 16 JANUAR 1945 ZERSTÖRTEN STADT GEBORGEN

Das **Otto-von Gue-ricke-Denkmal** vor der Hauptwache ist eine Bronze-Sitzplastik auf Natursteinsockel mit Reliefplatten. Otto-von Guericke (1602-1686) war Bürgermeister von Magdeburg in den Jahren von 1646-1686, Naturforscher, Ingenieur, Physiker und Diplomat. Er wurde vor allem durch seine Experimente mit luftleerem Raum bekannt. In das Jahr 1650 geht seine Erfindung der Kolbenluftpumpe zurück. Heute noch wird jährlich sein Versuch mit den **"Magdeburger Halbkugeln"** vorgeführt, mit denen die Wirkung des Vakuums eindrucksvoll demonstriert wird. Ein Relief zeigt die Silhouette Magdeburgs vor der Zerstörung 1631, ein anderes den Halbkugelversuch 1657.

Im Hintergrund das mächtige Gebäude der "Hauptwache", in der heute der Magistrat sein Domizil hat.

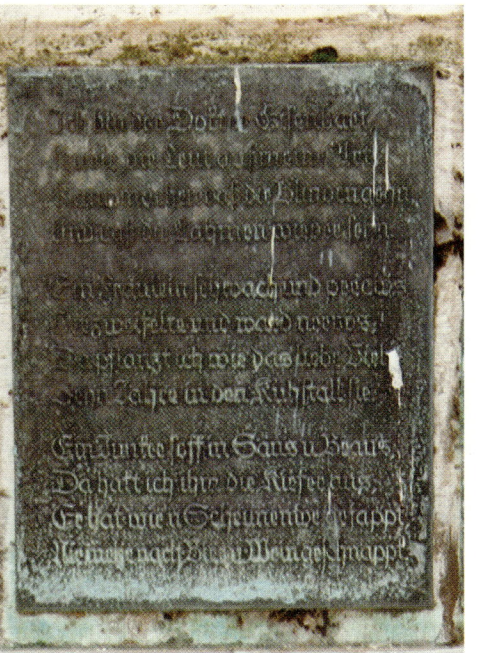

Dr. Eisenbart - ein Wunderdoktor oder nur ein Scharlatan? Der berühmt - berüchtigte Chirurg lebte von 1663-1727 und tat sich vor allem durch seine spektakulären Operationen hervor, wie z.B. die "Staroperation", für die er eigenes Instrumentarium entwickelte. Die Bronzeplastik, an der Hauptwache in der W.-Weitling-Straße, zeigt Eisenbart auf einer Stelle in markschreierischer Pose. Auf den Reliefs der Außenseiten des Brunnes sind Tafeln mit Spottgedichten angebracht.

Der **Dom** - das Wahrzeichen unserer Stadt am Elbestrom und großartiges Beispiel mittelalterlicher Kunst in Deutschland.

Der mächtige gotische Bau, den Generationen in einer mehr als 300 jährigen Bauzeit schufen, hat auch in unserem technologischen Zeitalter nichts von seiner imposanten Wirkung im Stadtbild verloren.

Im Inneren sind trotz vieler Verluste durch Kriege und infolge der Bilderstürmerei zur Zeit der Reformation, kostbare Werke mittelalterlicher und neuzeitlicher Plastiken zu bestaunen. In jüngster Zeit war das Antikriegsdenkmal von **Ernst Barlach** (1870-1938) ein Wallfartsort für alle friedenliebenden Menschen.

Ein Kleinod - die Paradiespforte mit den klugen und törichten Jungfrauen. Zur Zeit der politischen Wende im Herbst 1989 ging vom Dom und dessen Gemeinde eine beruhigende Wirkung auf die Massen der Bevölkerung aus. Hier versammelte man sich vor den "Montagsdemonstrationen" zur Andacht, in der eindringlich zu gewaltlosem Vorgehen gemahnt wurde.

Barockfassaden des 18.Jahrhunderts säumen an zwei Seiten den **Domplatz**, den geschichtsträchtigen Platz zwischen Dom und Kloster "Unser Lieben Frauen".
Bei Grabungen in den 60er Jahren wurden neben Resten karolingischer Befestigungen, bauliche Reste aus dem 10.Jahrhundert freigelegt. Später wurde der weite Platz zum Feiern der Herrenmesse genutzt, auch ist er für Kundgebungen sehr gut geeignet.
Das Landesparlament hat hier im Eckhaus Einzug gehalten.

Das Kloster **"Unser Lieben Frauen"** in der Regierungsstraße ist das älteste erhaltene Bauwerk unserer Stadt. Es wurde 1015 als Augustiner-Chorherrenstift gegründet. Von den ursprünglichen Bauten ist nichts mehr erhalten. Die jetzige romanische Anlage wurde bis etwa 1250 unter Einfluß des Prämonstratenserordens gebaut. Die historische Klosteranlage wird seit Jahren kulturell genutzt. In der **Konzerthalle "Georg Philipp Telemann"** mit großer Orgel, finden regelmäßig Konzerte statt. Hier ist man bemüht, breite Bevölkerungsgruppen an die klassische Musik heranzuführen.

Eine ständige Ausstellung von Kleinplastiken sind in der oberen Tonne und im Kreuzgang des Klosters zu finden.

Im Westflügel ist die alte Klosterbibliothek untergebracht. Im Klosterrundgang und auf den umliegenden Freiflächen haben Großplastiken ihren Platz .

Die Hubbrücke mit Blick auf den Dom vom Rotehornpark aus gesehen. In den Jahren 1846/47 erfolgte der Bau der ersten Eisenbahnbrücke über den Elbestrom in Magdeburg. Dieser Spezialbrückenbau ist die älteste Hubbrücke Europas und heute technisches Denkmal. Von Fußgängern und Eisenbahn genutzt, stellt sie eine kurze Verbindung von der Stadt zum Rotehornpark her. Auf acht Brückenpfeilern gelagert, ist die Brücke zur allzeitigen Gewährleistung der Elbeschifffahrt im Strombereich als Drehbrücke ausgeführt. Bei Hochwasser kann das 90m lange Mitteljoch bis 2,87m gehoben werden, um Schiffe passieren zu lassen.

Die **"Württemberg"** war der letzte Schleppdampfer auf der Elbe, der bis 1974 seinen Dienst versah. Der Seitenraddampfer wurde 1908/09 erbaut und hat eine Gesamtlänge von 63,80m , die größte Breite beträgt 15m. Die Maschine erbrachte eine Leistung von 625 PS und wirkte auf 2 Schaufelräder mit einem Durchmesser von 3,52m 1976 wurde die "Württemberg"am Elbufer im Rotehornpark an Land gesetzt und ist seit dem Schiffsmuseum und beliebte Gaststätte.

Der **Magdeburger Stadtpark** oder der **Rotehornpark**, ist mitten im Elbestrom gelegen und weist eine Fläche von 230 Hektar auf.

Der Park bietet gleichermaßen Platz für ein großes Ausstellungsgelände sowie einen Landschaftspark nach englischem Vorbild. Im Zentrum der Halbinsel finden wir das große Ausstellungsgelände mit dem Adolf-Mittag-See.

Die ältesten Bauten des Geländes am **Adolf-Mittag-See** sind der **Marientempel**, die Pergola und die Freitreppe, die zum See führen. Der Marientempel geht auf eine Spende des Ehepaares Mittag zurück, die der Stadt testamentarisch 50 000 Mark zur Verschönerung des Rotehornparkes hinterließen.

Zur Theaterausstellung 1927 wurde der **Aussichtsturm** gebaut, 50m reckt er sich in die Höhe mit einem Aufsatz, in dem eine Gasstätte ihr Domizil hat.

Die Theaterausstellung machte auch den Bau der **Stadthalle** notwendig. Entworfen wurde der Bau von Johannes Göderitz (1888-1978), dessen markante rhythmische Außengliederung der Fassade Akzente setzte. In Rekordzeit, von nur ca.5 Monaten, wurde die Stadthalle mit einem Hauptsaal und verschiedenen Nebenräumen gebaut und 1926 eingeweiht. Die gesamte Stadthalle ruht auf einer komplizierten Pfahlkonstruktion, die der schlechte Bauuntergrund notwendig machte.

Der Begriff **"Rotehorn"** geht auf eine Sage zurück, in der ein rotes Horn in einer verhängnisvollen Liebesgeschichte eine gewichtige Rolle spielt.

"Kiek in die Köken" - soviel wie "Guck in die Küchen". Von diesem Wachturm auf dem Fürstenwall konnten die Blicke des Wachmannes nicht nur über die Elbe schweifen, sondern auch in die Kochtöpfe der Erzbischöflichen Küche im Palais desselben.

Die **Maria-Magdalenen-Kapelle** am Petriförder wurde 1315 auf dem Gelände des ehemaligen Magdalenenklosters als Sühne-bzw. Frohnleichnamkapelle errichtet. Zerstört wurde sie 1631 sowie 1945. Die letzte Instandsetzung geht in das Jahr 1988 zurück. 1991 erlebte die Magdalenenkapelle nach vielen Jahren wieder ihr Patronatsfest. An der Mauer im Vordergrund, sind die "Magdeburger Originale" von H.Apel zu erkennen.

Otto I. hat die ersten Befestigungsmauern bzw.-anlagen um die Stadt errichten lassen. Die nordöstlichste Befestigung bildete die heutige "**Lukas-Klause**", 1280 als "Welsches Tor" gebaut, im 18.Jahrhundert auch "Turm Preußen" genannt. Die jetzige Bezeichnung geht auf das Jahr 1900 zurück, als das Bauwerk in Künstlerhand überging und umgebaut wurde. Heute sind in der "Lukas-Klause" Ausstellungsräume und eine Gaststätte zu finden, von der man einen herrlichen Blick auf die Stadtmauer und den Elbestrom hat. Die Stadtmauer zeigt sich in diesem Abschnitt in gut restauriertem Zustand. Die alte Kanone, die Mündung elbabwärts gerichtet, zeigt auf die Richtung der zu erwartenden Feinde. Trotz des starken Bollwerkes konnten die Truppen Tillys 1631 hier in die Stadt eindringen und sie fast völlig zerstören.

Die Fahrt mit Auto oder Bus auf der Elbuferstraße, dem **Schleinufer**, läßt einerseits einen Blick über die Elbe zu, andererseits fährt man an den wichtigsten Kirchenbauten der Stadt vorbei.

Hier ein Blick auf die Ruine der **Johanniskirche,** die mit Hilfe eines Kuratoriums wieder aufgebaut werden soll.

Sie hatte besondere Bedeutung als Begräbnisstätte der Patrizier sowie für die Stadtgeschichte, als Martin Luther hier 1524 predigte und damit der Reformation in Magdeburg zum Durchbruch verhalf. Das Lutherstandbild vor dem Eingang erinnert daran.

Rund um den **Hasselbachplatz** wird gebaut, saniert und abgerissen. Abgerissen werden die lichtlosen Hinterhöfe, in denen die Industriearbeiter des 19. Jahrhunderts ihr trostloses Dasein fristeten. Neues entsteht neben Altem , die frischen neuen Fassaden lassen die alten noch heruntergekommener erscheinen. Es wird noch viel Arbeit getan werden müssen, damit jedes der Häuser wieder zum Leben einlädt. Etliche kleine Gaststätten und Bierstuben haben sich schon etabliert und lassen auf ein zukünftiges Nachtleben in der City hoffen.

Jeder in der Stadt kennt den **Hasselbachplatz**. Er bildet das südliche Ende des Breiten Weges und der Otto-von-Guericke-Straße. Der Hasselbachplatz ist Hauptverkehrsknotenpunkt für den Straßenbahn- und Autoverkehr. Mitte der 80er Jahre begann man hier mit dem ehrgeizigen Projekt der Sanierung des innerstädtischen Bereichs.

Das Eckhaus, genannt der "Plättbolzen", ist ein besonderes Schmuckstück am Platz, der nach dem Ehrenbürger und Oberbürgermeister der Stadt Carl Gustav Friedrich Hasselbach (1809 -1891) benannt wurde.

21

Die Otto-von-Guericke-Straße in Höhe des Hasselbachplatzes vermittelt einen Eindruck, wie prächtig die **Gründerzeitarchitektur** sein kann. Vom Dach bis zum Keller gründlich saniert, wurden die Wohnungen von Landesbediensteten bezogen.

In der Otto-von-Guericke-Straße befindet sich das **Kulturhistorische Museum**, das im Stil der Neurenaissance 1906 als Kaiser-Friedrich-Museum übergeben wurde.

Es zeigt vor allem Gemälde, Möbel und Keramik aus verschiedenen Epochen. Das Original des Reiterstandbildes vom Alten Markt hat hier ebenfalls seinen Platz.

Das **Palais am Fürstenwall** ist Sitz der Landesregierung und des Ministerpräsidenten des Landes Sachsen-Anhalt. In unmittelbarer Nähe zum Dom in der Hegelstraße hat das Palais schon die unterschiedlichsten Hausherren beherbergt.

Im Jahre 1899 zog das Militär mit seinem Generalkommando hier ein, nebenbei war es Gästehaus der kaiserlichen Familie. Nach 1945 war das Palais das Haus der Deutsch-Sowjetischen Freundschaft.

Das Innere ist aufwendig im Stil eines italienischen Palazzos hergerichtet, in dessen Mittelpunkt das Treppenhaus mit oberem Galerieumgang steht.

Die **Hegelstraße** soll wieder zur Prachtstraße der Landeshauptstadt herausgeputzt werden. Eine wertvolle alte Baumsubstanz umsäumt die alleeartige Straße, die vom Dom begrenzt wird und am Sitz des Ministerpräsidenten vorbeiführt. Die Häuser, ehemals mit großen luxeriösen Wohnungen für die Beamten- und Offiziersfamilien ausgestattet, weisen heute teilweise erhebliche Schäden durch Vernachlässigung auf, die eine Instandsetzung nötig machen. Umfangreiche Fassaden- und Gehwegsanierung nach historischem Vorbild wird noch in diesem Jahr eingeleitet.

Ein **Spielparadies** befindet sich mitten in der Stadt - genau in der Hegelstraße, die sich wieder zu einer prächtigen Straße entwickeln soll.

Der großzügig mit Naturmaterialien gestaltete Spielplatz zieht Kinder aus der ganzen Stadt an, wobei das Wasserbecken im Sommer die Attraktion ist. Bis jetzt gibt es leider noch zu wenig gute und sichere Spielplätze in der Stadt.

Die **Gruson-Gewächshäuser** mit ihrer exotischen Pflanzensammlung sind ein Anziehungsmagnet für viele, die sich der alltäglichen Umgebung für kurze Zeit entziehen wollen. Herrmann Gruson, der Begründer der Pflanzensammlung, war nicht nur Industrieller, sondern auch Pflanzenliebhaber. Nach seinem Tod schenkten die Erben die Sammlung der Stadt.

Direkt von den Gewächshäusern aus, kommt man in den **"Volksgarten"**, entworfen von Peter Joseph Lenne. 1824 faßte er den Plan für den ersten Volksgarten Deutschlands, der von 1825 – 1829 auf dem Gebiet des ehemaligen Kloster Berge umgesetzt wurde. In der Anlage des Parks ist in eindrucksvoller Weise gelungen, eine echte Harmonie zwischen Mensch, Kunst und Natur herzustellen. Zentraler Bezugspunkt des Ganzen ist das Gesellschaftshaus, welches nach den Plänen von Karl Friedrich Schinkel entstand.

Das **Eike-von-Repgow-Denkmal** befindet sich Ecke Hallische Straße/ Carl-Miller-Straße mit Blick auf das Innenministerium. Erinnert wird hier an den Ritter Eike von Repgow (um 1180-1235), der zwischen 1220-1232 den "Sachsenspiegel" geschrieben hat, eine Sammlung von bis dahin nur mündlich weitergegebenen Grundsätzen des sächsischen Landrechts. Der **"Sachsenspiegel"** ist das bedeutendste Rechtsbuch seiner Zeit.

Nach Plänen von **Karl Friedrich Schinkel** (1781-1841) wurde die **Nikolaikirche** in den Jahren 1821-1824 erbaut. Sie ist in der Neuen Neustadt zu finden und ist der bedeutendste Bau des Klassizismus in Magdeburg. Der gestreckte Saal weist seitliche Emporen mit zwei Rängen auf, die von quadratischen Pfeilern getragen werden. Die Ostseite hat einen runden Chorabschluß und zwei quadratische Türme, die nachträglich um ein Stockwerk erhöht wurden. Der dreiteilige Eingang auf der Westseite zeigt einen dekorativ gestalteten Giebel. Das erste Mal zerstört 1813, wurde die Nikolaikirche nach der Zerstörung im 2.Weltkrieg von 1948-1954 wieder aufgebaut.

Ein **Flachrelief** mit figürlicher Darstellung vom Beginn des Wiederaufbaus der Stadt befindet sich am Torbogen zur Bärstraße, Breiter Weg 16. Es wurde vom Bildhauer Eberhard Roßdeutscher gestaltet und erinnert darin, daß hier am 1. Mai 1951 der Grundstein für den ersten Neubaubereich mit 115 Wohnungen und etlichen Geschäften gelegt wurde.

HIER BEGANN IM JAHRE 1951 DER NEUAUFBAU DER AM 16.1. 1945 ZERSTÖRTEN STADT

Die **Ernst-Reuter-Allee** ist die große Ost-West-Verbindung in der Stadt. Sie ist eine breite Magistrale, mit großflächigen Grünanlagen, die von Bauten des Beginns sozialistischen Wiederaufbaus, Anfang der 50ziger Jahre, gesäumt wird. Hier hielten die "Aktivisten der ersten Stunde" Einzug. Die Architektur, später kurz "Stalinbauten" genannt, zeigt im Innern der Häuser eine großzügige Gestaltung der Treppenhäuser sowie der Wohnungen, wie sie später mit der Plattenbauweise nie mehr erreicht wurde.

Die Häuser im **Breiten Weg** künden von der wechselvollen Geschichte unserer alten Stadt. Hier kann man neben den letzten Barockhäusern in Höhe des Cafe' Liliput und der Gründerzeitbauten im Südabschnitt, im Nordabschnitt sozialistische Architektur der Plattenbauweise finden. Der gesamte Nordabschnitt kündet von der architektonischen Tristesse der 70er Jahre. Um diese architektonische Einheitlichkeit zu erreichen, wurde für den Bau des früheren "Haus der Lehrer", jetzt Bildungsministerium, die Katharinenkirche in den 50er Jahren gesprengt.

Das mächtige **Haupt-postgebäude** im Breiten Weg 203-206 ließ die Oberpostdirektion Magdeburg in den Jahren 1895-1899 errichten. Die repräsen-tative Fassade orientiert sich am Stil der nieder-ländischen Spätgotik. Der Westbau, in der Max-Josef-Metzger-Str., zeigt deutsche Renais-sance .
Die Schäden des 2.Weltkrieges wurden in einer umfassenden Restaurierung von 1974-1986 beseitigt.
Eine Gedenktafel im Breiten Weg erinnert an den deutschen General Steuben, der hier geboren wurde.

Die **Leiterstraße** war in vergangener Zeit eine beliebte und von Schau- und Kauflustigen bevölkerte Geschäftsstraße, die vom Breiten Weg abging. Nach Abriß der alten Bausubstanz sollte eine neue sozialistische Leiterstraße entstehen. Über 20 Jahre war die Straße Baustelle und das Ergebnis ist keinesfalls eines, was sich unbedingt sehen lassen kann.
Einzig, der **"Teufelsbrunnen"**, geschaffen von Heinrich Apel, ist ein originelles Wahrzeichen der Straße. Ansonsten will ein geschäftiges Treiben in der Fußgängerstraße nicht so recht aufkommen, obwohl Citylage gegeben ist.

Schon zu sozialistischen Zeiten ging der **Technischen Universität "Otto von Guericke"** ein guter Ruf voraus. Heute widmet sie sich neben dem Grundlagenstudium nach der Neustrukturierung der Informatik, der Verfahrenstechnik, den Wirtschaftswissenschaften und anderen Studienrichtungen. Es gibt jetzt 9 Fakultäten mit 45 Instituten, an denen in 12 regulären Studiengängen mit über 30 Vertiefungsrichtungen studiert wird. Der Schwerpunkt liegt seit Jahren auf dem Gebiet der Physik.

Der **Barleber See** zählt zu den größten und beliebtesten Naherholungsgebieten der Stadt. Per Rad oder Auto strömen im Sommer Tausende mit Kind und Kegel an den Strand des großen Kiesloches.
Es gibt einen bewachten Badestrand, gastronomische Einrichtungen, einen Zeltplatz für Dauercamper und eine Surfschule.

Etwas nördlich von Magdeburg - auch mit einem Ausflugsdampfer zu erreichen, liegt am Elbufer das **Schiffshebewerk**. Es wurde im Jahr 1938 in Betrieb genommen. Das Hebewerk überwindet ein Gefälle von max. 18,50 Meter Wasserstand.

Diese technische Meisterleistung ist nach dem Prinzip des Gewichtsausgleichs durch den Antrieb konstruiert. Gleichem Arbeitsprinzip liegen die Hebewerke in Niederfinow und Henrichenburg (bei Dortmund) zugrunde. Pro Monat passieren rund 2000 Schiffe mit einer Gesamtschleusenzeit von 20 Minuten das Werk.

Impressionen vom **Binnenhafen**. An der Lebensader, dem Elbestrom, hat der Hafen im Norden der Stadt seinen Standort. Ehemals der größte Binnenhafen der DDR, wird heute Ausschau nach Investoren gehalten, die hier mit einsteigen.

Magdeburg war lange Zeit nur als Stadt des Schwermaschinenbaus bekannt. Zwei große Betriebe sind das **SKET** und das **SKL** mit vielen tausend Mitarbeitern im Südosten der Stadt. Das "SKL" wurde 1862 von R.Wolf gegründet und trug auch dessen Namen. Das "SKET" wurde von H.Gruson als Eisengießerei und Maschinenfabrik 1855 gegründet. 1893 wurde das "SKET" dem Krupp-Konzern angegliedert. Neue Konzepte müssen her, damit die Werksgiganten wettbewerbsfähig bleiben.

Einst als "glückliche Insel" im 18.Jahrhundert gepriesen, ist der **Werder** von Wohnhochhäusern nicht verschont geblieben.
Hier trafen sich literarisch - musikalische Gesellschaften zur Zeit Klopstocks, der von der Elbinsel sehr angetan war.

Im Norden der Stadt liegt der **Neustädter See**. Entstanden ist er mit dem Neubaugebiet in den 70er Jahren. Hochhäuser im Westen begrenzen das Ufer . In Richtung Autobahn wurde der See dagegen durch die fortwährende Kiesgewinnung immer größer.
Ganzjährig wird der See von Erholungs-suchenden genutzt - im Sommer von den Bade-gästen und im Winter von Schlittschuhläufern und den mutigen "Eisbadern".

Das **Neubaugebiet Olvenstedt** ist das jüngste Kind der Neubaugebiete der Stadt, die da heißen Neustädter Feld, Schilfbreite oder Reform.

In ausschließlicher Plattenbauweise entstanden hier Schlafstätten für zigtausende Menschen, denn eine behagliche Wohnatmosphäre ist hier schwer vorstellbar.

Das Walter-Friedrich-Krankenhaus am Rande des Neubaugebietes ist der letzte Krankenhausneubau sozialistischer Prägung unserer Stadt. Untergebracht sind verschiedene medizinische Fachbereiche - Gynäkologie/Geburtshilfe, Pädiatrie, Chirurgie, eine Zentrale Rettungsstelle und ein großer Ambulanztrakt.

Der **Hauptbahnhof**, zu Bauzeiten 1874-1882 Centralbahnhof genannt, präsentiert sich im Stil der italienischen Hochrenaissance. Bis 1880 Privateigentum, dann Eigentum der neu gegründeten Eisenbahndirektion Magdeburg, entwickelte sich der Hauptbahnhof zu einem wichtigen Knotenpunkt des Eisenbahnnetzes. 1938 erfolgte eine größere Umgestaltung mit dem Neubau der Mitropa; nach schweren Zerstörungen im 2.Weltkrieg erfolgte 1945-1948 der Wiederaufbau. Heute ist der Bahnhof ebenfalls Haltepunkt internationaler Schnellzüge.

Gegenüber vom Hauptbahnhof steht das **Hotel "International"**, daß erste Interhotel, das nach 1945 in den 60ziger Jahren gebaut wurde.
Momentan wird es wieder an internationalen Hotelstandard angepaßt. In der Nähe des Hauptbahnhofes haben sich renomierte Banken niedergelassen, wenn auch die Unterkünfte jetzt erst noch provisorischer Art sind.

Im Norden stellt die "Lukas-Klause" gleichzeitig den Beginn der **"Elbuferpromenade"** dar, einem Fußgängerweg, der bis zur Hubbrücke direkt an der Elbe entlangführt. Vorbei kommt man am **"Petriförder"**, der Anlegestelle der "Weißen Flotte". Von hier aus starten die Ausflugsschiffe zum Schiffshebewerk, nach Niegripp oder zum Herrenkrug. Verläßt man "Petriförder" in Richtung Strombrücke, säumen verschiedene Plastiken und Brunnen der neueren Zeit den Spazierweg. Augenfällig der "Fährmann" von Eberhard Roßdeutscher oder der "Fischbrunnen", sowie Plastiken von H.Apel.

Das Verlags- und Druck-
haus der **"Volksstimme"**
befindet sich in der
Bahnhofstraße. 1890
erschien das Blatt des
Magdeburgers erstmalig.
Heute hat es sich zur
beliebtesten Tages-
zeitung in der Landes-
hauptstadt etabliert und
gibt zusätzlich die
wöchentlich erschei-
nenden "MZ" und den
"Generalanzeiger"
heraus.

Magdeburg von A – Z

Der **Alte Markt** ist der Platz vor dem Rathaus mit Reiterdenkmal und Eulenspiegelbrunnen. In der Woche herrscht dort geschäftiges Markttreiben. Die Stadt des Schwermaschinenbaus und der Arbeiter befindet sich im Wandel zu einer attraktiven Landeshauptstadt.

Das **AMO** ist eine gute Adresse in der E.-Weinert-Str. ist eine gute Adresse für kulturelle Veranstaltungen und Tagungen in der Stadt.

Die **Brücken** der Elbestadt befinden sich momentan in einem reparaturbedürftigem Zustand. Ein Lichtblick ist die im Bau befindliche **Westringbrücke**. Der **Breite Weg**, die einstige Prachtstraße Deutschlands wurde bereits 1207 erwähnt. Die Kriege der Zeit gingen an ihr nicht vorüber, sodaß sie 1631 und 1945 schwer zerstört wurde. Die frühere Pracht lassen die Bauten in der Nähe des Hasselbachplatzes erahnen.

Der **Chor des Domes** unter Leitung des Musikdirektors Hoff besitzt über die Landesgrenzen hinaus einen guten Ruf.

Der mächtige **Dom** ist ganzer Stolz und Wahrzeichen der Stadt. Baubeginn war 1209, vollendet wurde der erste große Bau im gotischen Stil 1520. Der berüchtigte **Domfelsen**, auf dem sich der Dom erhebt, ist seit jeher ein Problem für die Elbschiffahrt bei Niedrigwasser.

Die **Elbe**, im gleichen Atemzug mit Magdeburg zu nennen, gibt der Stadt ihren unverwechselbaren Reiz. Als Handelsstraße verhalf sie den Magdeburgern zu wirtschaftlicher Blüte.

Editha war die erste Frau des Kaisers Otto, die sich zu Magdeburg sehr hingezogen fühlte. Sie genoß viel Ansehen in der Stadt was eine Straßenbenennung – **Editha-Ring** – bezeugt.

An den berühmt berüchtigten **Dr. Eisenbart**, Scharlatan oder Wunderdoktor, erinnert ein Denkmal neben der Hauptwache.

Innovation und **Forschung** gehören eng zusammen. In unserer Technischen Universität und Medizinischen Akademie gibt es ein starkes Potential an Wissenschaftlern, die sich der Forschung verschrieben haben, die jetzt umstrukturiert wird.

Neben dem Dom wurden um 1725 alte Befestigungen zu einer der ersten öffentlichen Gartenanlagen Deutschlands umgestaltet. Vom "**Fürstenwall**" hat man einen Ausblick auf die Elbe.

G

Die Stadt verdankt die **Gruson-Gewächshäuser** dem Industriellen und Pflanzenliebhaber Gruson. Im Palmen-, Farn- oder Kakteenhaus wird die üppige Pflanzwelt von den Magdeburgern und ihren Gästen gern bewundert.

Das **Ernst-Grube-Stadion** im Osten der Stadt entstand nach dem 2.Weltkrieg in freiwilliger Aufbauarbeit und ist Heimstatt des Fußballklubs FCM und der Leichtathleten geworden.

H

Im Osten der Stadt, von der Elbe auf einer Seite natürlich begrenzt, gibt es seit mehr als 100 Jahren einen beliebten Ausflugsort, den **Herrenkrug**. Das 1844 erbaute klassizistische Gesellschaftshaus erstrahlt jetzt wieder in seinem alten Glanz. An die Parkanlagen, mit zum Teil seltenem Baumbestand, grenzen die Rennwiesen der Stadt.

Der **Hasselbachplatz** ist die Begrenzung des Breiten Weges im Süden.

Den verkehrsreichen Platz schmückte vor dem Krieg das Hasselbachdenkmal, gewidmet dem Oberbürgermeister (1851–1881) und Ehrenbürger der Stadt, **Carl Gustav Friedrich Hasselbach**

I

Magdeburg-Information ist unser Fremdenverkehrsbüro am Alten Markt. **Karl Leberecht Immermann** ist 1796 in Magdeburg geboren und wurde später als Dichter und Theaterleiter bekannt.

J

Auf der Höhe des Elbufers gelagert, erblickt man die zwei Türme der stark zerstörten, über 1000 Jahre alten Stadt-Kirche **St. Johannis**. Sie war die Kirche der Bürger und soll jetzt mit den Mitteln einer Stiftung wieder aufgebaut werden.

K

"**Kiek in die Köken**", so wie "Guck in die Küchen" wird im Volksmund ein Wachturm auf dem Fürstenwall bezeichnet. Die Geschichte erzählt von einem Wachmann, der anstatt nach dem Feinde Ausschau zu halten, lieber in die Töpfe des Erzbischöflichen Palastes schaute. Dem Erzbischof gefiel dies nicht, er ließ das Fenster zumauern.

Das "**Kloster unserer Lieben Frauen**" ist der älteste erhalten gebliebene Kirchenbau unserer Stadt. Es ist heute Museum, Galerie, Bibliothek und Konzertsaal zugleich.

L

Die **Lukasklause** war ein Teil der Befestigungsanlagen der Stadt und deren nördliche Begrenzung. 1631 drangen hier die feindlichen Truppen Tillys in die Stadt ein und begannen ihr zerstörerisches Werk. Nach

1900 wurde die Lukasklause zum Künstlerheim umgebaut, heute dient sie Kunstausstellungen. Ein Restaurant lädt bei herrlichem Elbblick zum Verweilen ein.

Vor den Toren der Johanniskirche steht in aufrechter Haltung ein Denkmal von **M. Luther**, der von den Bürgern der Stadt 1524 zur Predigt gerufen wurde.

M

In der katholischen **Magdalenenkapelle**, am Fischerufer, wurde in diesem Jahr erstmalig wieder das Magdalenenfest gefeiert.

Der **Marientempel** am Adolf-Mittag-See geht auf eine Spende des Ehepaares Mittag zurück, die der Stadt 1905 übergeben wurde.

N

Einstmals nördlich vor den Toren der Stadt gelegen – die **Neustadt**. Heute bilden die Alte und Neue Neustadt feste Bestandteile unserer Großstadt. In Neustadt steht auch die klassizistische **Nikolaikirche**.

O

Im Dom befinden sich die Grabstätten **Kaiser Ottos des Großen** und seiner ersten Gemahlin Editha. Das Reiterstandbild auf dem Alten Markt zeigt ebenfalls Otto, den Begründer des Moritzklosters 937 und des Erzbistums Magdeburg.

P

Das traditionsreiche **Puppentheater** in Buckau erfreut Jung und Alt mit gelungenen Aufführungen. Gegründet wurde jetzt der "Verein der Freunde der Puppentheaterkunst". Im 18.Jahrhundert wurde die Stadt zur stärksten **Festung Preußens** ausgebaut. Zahlreiche Festungsanlagen künden heute noch von dieser Zeit.

Q

Das Trinkwasser der Magdeburger ist von besonders guter **Qualität**, gewonnen aus der Heide, nahe Magdeburgs.

R

Die Fortschrittlichkeit Magdeburger **Rechts** war im Mittelalter bis in die Städte Süd- und Osteuropas bekannt. Die Stadt selbst fungierte als Rechtsoberhof. Der Ritter **Eike von Repgow** gab zwischen 1220-1232 den "Sachsenspiegel" heraus, eine Sammlung von bis dahin nur mündlich überlieferten Grundsätzen des sächsischen Landrechts.

S

Sudenburg ist ein alter Stadtteil im Süden der Stadt, durchquert von der Halberstädter Straße. Die "Sudenburg" war schon zu Zeiten Ottos ein Siedlungsgebiet.

Die einstige **Sternbrücke**, gebaut 1922, ist seit der Zerstörung de[r] scher Wehrmachttruppen 1945 nur noch ein Fragment. Sie diente d[er] besseren Anbindung südlicher Stadtgebiete (Sudenburg, Buckau) [an] das östliche Elbufer. Außerdem ermöglichte sie einen reibungslos[en] Verkehr zum Ausstellungsgelände im Stadtpark.

T

Theater sind neben dem schon erwähnten Puppentheater, das Gro[ße] Haus am Universitätsplatz und die Freien Kammerspiele. **Bruno Ta[ut]** war Stadtbaurat und ein bedeutender Architekt unserer Stadt, der 19[..] ein neues Wohnen gemäß Bauhaustraditionen den Magdeburgern [in] verschiedenen von ihm entworfenen Wohnsiedlungen ermöglicht hat.

Ein anderer bekannter Sohn der Stadt war der **Komponist Georg Ph[i]lipp Telemann** (1681-1767), dessen Geburtshaus in der Nähe des K[lo]sters gestanden haben soll.

U

Magdeburg hat eine **Technische Universität** mit den Hauptstudie[n]richtungen Verfahrenstechnik, Elektrotechnik, Informatik, Maschine[n]bau.

V

Verkehrsprobleme hat die Stadt allemal, denn es gibt nicht nur ein N[a]delöhr in der Stadt. Die Verkehrsplaner täten gut daran, den öffent[li]chen Verkehrsmitteln einen entscheidenden Platz in der Planung ei[n]zuräumen. Der heutige **Volksgarten**, an dessen Gestalter Lenné ei[ne] Tafel erinnert, entstand 1825/26 auf dem Grunde des von den Franz[o]sen zerstörten Kloster Berge.

W

Magdeburger **Wohnsiedlungen** der 20er Jahre sind von gestalte[ri]schem und architektonischem Wert. Entworfen vom Architekt Bru[no] Taut sind die heute denkmalgeschützten Siedlungen "Reform"," W[e]sternplan" und "H. Beims" erwähnenswert.

X

Ein **X für ein U** lassen die Magdeburger sich nicht so schnell vorm[a]chen. Sie gelten als hilfsbereit, wenn auch etwas wortkarg.

Y

Einen **Yachthafen** besitzt die Stadt am Strom noch nicht. Was no[ch] nicht ist, kann sich durchaus noch entwickeln.

Z

Die "Volksstimme" ist die **Zeitung** des Magdeburgers. Gegründet 189[.] hat sie sich in den Stürmen der Zeit behauptet und alle anderen Ko[n]kurrenten in die Flucht geschlagen.

Magdeburg from A to Z

Alter Markt – The Old Market Square is in front of the town hall and accommodates the equestrian statue of Otto I and "Eulenspiegel" fountain. Throughout the week this square is full of bustling activity. This city of heavy machinery construction and industry is now undergoing a radical change and becoming the attractive capital city of the German federal land of Saxony-Anhalt.

The **AMO** (Cultural and Conference Hall) in the Erich-Weinert-Strasse offers an attractive setting for cultural events and meetings.

The **bridges** crossing the River Elbe are in serious need of repair. The **Jerichowstringbrücke** which is currently being rebuilt offers a ray of hope. The **Breiter Weg**, one of the finest examples of German baroque architecture, was mentioned for the first time in 1207. However, the wars of the past did not spare the street and it was severely damaged in 1631 and 1945. The buildings near the Hasselbachplatz convey an idea of former splendour.

The **Cathedral Choir** conducted by musical director Hoff enjoys a high reputation far beyond the borders of the country.

The mighty **Cathedral** is the proud symbol of the city. Construction work on the first large Gothic building began in 1209 and was completed in 1520. The notorious **cathedral rock** supporting the Cathedral has always been a problem for shipping on the River Elbe at low water.

The River **Elbe**, closely linked with Magdeburg, gives the city a distinctive charm. As an important waterway it has contributed to Magdeburg's economic growth.

Editha was the first wife of Emperer Otto I who felt drawn to Magdeburg. She enjoyed a good reputation, and a street – the **Editha-Ring** – is named after her.

A statue next to the "Hauptwache" building recalls the infamous **Dr. Eisenbart**. Nobody knew for sure whether he was a quack or a real wonder doctor.

Innovation and **Research** are closely linked. The University of Advanced Technology and the Medical Academy, which are also undergoing radical changes, provide a focus of learning with a large number of scientists who devote their time to both teaching and research.

The old fortifications around the Cathedral were converted into one of Germany's first public gardens in the year 1725. This area known as the **"Fürstenwall"** offers the visitor a magnificent view of the River Elbe.

G

The city owes the **Gruson Greenhouses** to the industrialist and plant lover Gruson. The people of Magdeburg and their guests and visitors like to come to this place to see the palm trees, exotic ferns and cactusses.

Ernst-Grube-Stadium located in the East of the city was built after World War Two by voluntary work. Today it is the home of Magdeburg's soccer club, the FCM, and of track and field athletes.

H

For over one hundred years the **Herrenkrug Park** in the eastern part of the city, bordered on one side by the river Elbe, has been an attractive place for outings. The stately home built in 1844 in the classical style has been completely refurbished and is now back to its former splendour. The race course borders the Herrenkrug Park with its old trees, some of them quite rare species.

The **Hasselbachplatz**, the busiest square in the city, borders the Breiter Weg in the South.

Before World War Two, the Hasselbach Statue stood here, dedicated to **Carl Gustav Friedrich Hasselbach** who was the city's Lord Mayor from 1851 to 1881 and received the freedom of Magdeburg.

I

Magdeburg-Information is the tourist information Office in Alter Markt. **Karl Leberecht Immermann** was born in Magdeburg in 1796. He achieved renown as a poet and theatre director.

J

Built on the embankment of the River Elbe, one can see the two spires of **St John's Church** which is more than 1000 years old. It was severely damaged during World War Two and is still in a sorry state. It was the church of the bourgeoisie and is shortly to be rebuilt. The money is to be provided by a foundation.

K

In the vernacular a watch-tower on "Fürstenwall" is called **"Kiek in die Köken"** meaning "Look into the kitchen". The story tells of a watchman who preferred to peep into the pots of the episcopal palace rather than keep look-out for the enemy. The archbishop did not like this and ordered the window to be block-up with masonry.

The **Monastery of "Unser Lieben Frauen"** is the oldest ecclesiastical building in Magdeburg. Today it accommodates a museum, a gallery, a library and a concert hall.

L

The **"Lukasklause"** formed a part of the town's fortresses and its northern border. It was here that the hostile troops of Tilly penetrated the town and started their work of destruction. After the turn of the century,

the Lukasklause was converted into a home for artists. Today it houses art exhibitions. In addition, the Lukasklause has a restaurant which invites the visitor to stay awhile and enjoy good cuisine and a magnificent view of the City and the river.
In front of St John's Church, there is a statue of **Martin Luther** who was invited by Magdeburg's citizens in 1524 to preach here.

M

The Catholic **Chapel of Mary Magdalene** in Fischerufer street hosted the Magdalene festival for the first time again this year.
The **Marientempel (St Mary's Temple)** at Lake "Adolf-Mittag-See" was donated to the city by the Mittag Family in 1905.

N

Neustadt, the new town, was originally located outside the northern city gate. Today Alte Neustadt and Neue Neustadt form integral parts of the conurbation.
The **St Nicholas Church** built in the classical style is in Neustadt.

O

The Cathedral houses the tombs of the **Emperor Otto the Great** and his first wife Editha. The equestrian statue in the Alter Markt is also of Emperor Otto who founded the Moritz Monastery in 937 AD and the archbishopric of Magdeburg.

P

The **Puppet Theatre** in Buckau stages puppet shows for young and old. A "Club of the Friends of the Puppet Show" was recently established.
In the 18th century Magdeburg was systematically reinforced to become the strongest **Prussian fortress**. Many fortifications remind the visitor of those days.

Q

Magdeburg's **drinking water** is of very good quality. It comes from an area of heath, not far from the City.

R

In the Middle Ages, the progressive **Magdeburg Law** was well known even in the towns of southern and eastern Europe. The town excercised the right of a supreme court. The knight **Eike von Repgow** issued his "Sachsenspiegel", a collection of basic principles of Saxon Law, in the years 1220 – 1232.

S

Sudenburg is an old quarter in the south of Magdeburg with the Halberstädter Strasse as its main road. "Sudenburg", the southern fortification, was a settlement as early as the reign of Emperor Otto I.

Since its destruction by German Wehrmacht forces in 1945, the "**Sternbrücke**" bridge, built in 1922, has remained in a sorry state connected the southern districts of the city, i.e. Sudenburg and Bucka with the quarters east of the River Elbe. In addition, this bridge facili ted traffic to the exhibition areas in the municipal park.

T

In addition to the Puppet Theatre previously mentioned Magdeburg h two more **theatres**, the *Grosses Haus* in the University Square and t *Freie Kammerspiele*.
In 1921, **Bruno Taut** was Magdeburg's Urban Development Direct and an important architect who followed the traditions of the Bauha and left his mark on some modern inner-city housing estates.
Another great son of the city was the composer **Georg Philipp Te mann** (1681 – 1767). It is assumed that the house where Telema was born was near the Monastery.

U

Magdeburg's **University of Advanced Technology** offers basic a supplementary study courses in production engineering, electrical a mechanical engineering and computer science.

V

Traffic presents quite a problem because there are many "bottleneck in Magdeburg. Traffic planning should attach more importance to pub transport.
Today's **Volksgarten** was designed by the garden architect Lennè 1825/26. The park is located on the premises of the Kloster Berge, monastery, which was destroyed by the French. A plaque commemor tes Lennè.

W

Magdeburg's **housing estates** which were built in the 1920s are great architectural value. The "Reform", "Westernplan" and "H.-Beim estates which were designed by the architect Bruno Taut are protecte by preservation orders.

X

Magdeburg's residents are not easily fooled. It is said that they are a ways ready to lend a hand, but a little taciturn.

Y

The City on River Elbe does not yet have a **yacht harbour**, but perhap its day will come.

Z

"Volksstimme" is the **paper** of the Magdeburger. It was established i 1890 and has maintained its hold on the market defying all competitors

Magdeburg de A à Z

e Vieux Marché **(Alter Markt)** est la place devant l'hôtel de ville qui nglobe la statue équestre et la fontaine d'espiègle. Pendant la semai-e, ce lieu est animé par les marchands qui s'y réunissent. La ville de la nstruction mécanique lourde et des ouvriers (en allemand: Arbeiter) transforme actuellement en une capitale attrayante d'un des nou-aux Laender de la RFA. La maison de la culture **AMO** dans la rue E.-einert-Str. est une bonne adresse pour des manifestations culturelles des congrès dans la ville.

tat acutel des ponts (en allemand: **Brücken**) de la ville au bord du uve Elbe est tel qi'ils ont besoin d'être réparés. Cependant, le pont estringbrücke qui est en construction, représente déjà une première ussite.

avenue **Breiter Weg**, l'ancien boulevard pompeux de l'Allemagne fut entionnée pour la première fois en 1207 déjà. Les guerres des siècles l'ont évité – l'avenue fut détruite grièvement en 1631 et 1945. s immeubles près du carrefour Hasselbachplatz donne une impressi-de la splendeur passée.

chœur de la cathédrale sous la direction du chef de musique Hoff it d'une excellente réputation au-delà des frontières du Land.

grande cathédrale (en allemand: **Dom**) est l'orgueil et le symbole de ville. Elle fut mise en chantier en 1209. La première grande construc-n dans le style gothique fut achevée en 1520.

rocher redoutable (en allemand: **Domfelsen**) sur lequel se dresse la thédrale a causé depuis toujours des difficultés pour la navigation flu-le sur l'Elbe en cas de basses eaux.

ville doit sa charme unique au fleuve **Elbe** qui mérite d'être mentionné une seule haleine avec Magdeburg. Faisant fonction de voie commer-le il aida les Magdebourgeois à acquérir leur prospérité.

itha qui avait un fort penchant pour Magdeburg fut la première épou-de l'empéreur Otto. La grande estime dont elle réjouis dans la ville est noignée par la dénomination d'une rue d'après elle (**Editha-Ring**).

côté du bâtiment du Hauptwache se situe le monument commémoratif docteur Eisenbart qui fut d'une célébrité douteuse et avait la réputati-d'un charlatan ou guérisseur.

nnovation et la **recherche** (en allemand: **Forschung**) sont étroite-nt liées. Notre Université technique et l'Académie de Médecine sont ntées d'un puissant potentiel de savants qui se sont vouées à la re-rche qui est en cours de restructuration.

En 1725, de vieilles fortifications à côté de la cathédrale furent transfor-mées en un des premiers jardins publiques en Allemagne. Ce jardin pu-blique "**Fürstenwall**" offre une belle vue sur l'Elbe.

G

La ville de Magdeburg doit les **serres "Gruson"** à l'indus-triel et ama-teur de plantes Gruson. Les Magdebourgeois et les visiteurs de la ville aiment admirer la flore exubérante dans le palmarium, la fougéraie et le serre des cactées.

Le **stade "Ernst Grube"** à l'est de la ville fut construit après la 2e Guerre Mondiale par une initiative de construction volontaire. Il est devenu le domicile du club de football FCM et des sportifs pratiquant l'athlétisme.

H

Depuis plus de 100 ans, il existe un lieu d'excursion très populaire à l'est de la ville, le "**Herrenkrug**" dont une délimitation naturelle est le fleuve Elbe sur un côté. La maison de société de style néo-classique a récem-ment regagné toute son ancienne splendeur. Les champs de course avoisinent les parcs qui englobent certains arbres rares.

Le carrefour **Hasselbachplatz** est la délimitation sud du boulevard Brei-ter Weg.

Avant la guerre, sur ce carrefour animée se dressait le monument de Hasselbach qui fut dédié à la mémoire du premier bourgmestre (1851 - 1881) et citoyen d'honneur de la ville, **Carl Gustav Friedrich Hassel-bach**.

I

Magdeburg-Information est le nom de notre syndicat d'initiative sur la place du vieux marché. **Karl Leberecht Immermann** fut né à Magde-burg en 1796, poète et directeur de théâtre célèbre.

J

Au niveau du bord de l'Elbe on aperçoit les deux tours de l'église urbai-ne **Saint-Jean** fortement détruite qui a plus de 1000 ans. Elle fut l'église des citadins. Actuellement, cette église est en cours de reconstruction dont le financement est assuré par une fondation.

K

Dans le langage populaire une tour de garde sur le "Fürstenwall" (rem-part des princes) est appelée "**Kiek in de Köken**" – "Regarde dans la cuisine". On dit qu'il y avait un gardien qui préférait regarder dans les pots du palais de l'archevêque au lieu de scruter l'horizon pour l'ennemi. L'archevêque n'approuva pas de ce comportement et fit condamner la fenêtre.

Le "monastère Notre-Dame" (en allemand: **Kloster unserer Lieben Frauen**) est la plus vieille église conservée de notre ville. Il sert au-jourd'hui de musée, de galerie, de bibliothèque et de salle de concerts en même temps.

L

La maison **Lukasklause** faisait partie des fortifications de la ville et représentait sa délimitation nord. En 1631, les troupes ennemies du comte Tilly pénétrèrent dans la ville à cet endroit et commencèrent leur œuvre déstructive. Après 1900, la maison Lukasklause a été transformée en maison d'artistes et aujourd'hui elle sert de lieu d'expositions d'art. Offrant une merveilleuse vue sur l'Elbe, un restaurant invite les gens à y prendre leurs repas. Devant les portes de l'église Saint-Jean se dresse une statue de **M. Luther** qui fut appellé à prêcher par les citoyens de la ville en 1524.

M

C'est pour la première fois depuis longtemps que la fête de la Sainte Madeleine fut célébrée cette année dans la **Magdalenenkapelle** (chapelle de la Sainte Madeleine) sur le Fischerufer (rive des pêcheurs). Le **Marientempe**l (temple de la Sainte Marie) au lac "Adolf Mittag" fut construit avec un don du couple Mittag qui a été remis à la ville en 1905.

N

La **Neustadt** (nouvelle cité) est un quartier qui se situait antérieurement devant les portes de la ville. Aujourd'hui, la v562 èVieille et la Nouvelle Neustadt sont devenues des parties intégrantes de notre métropole. Dans la Neustadt il y a également l'église néo-classique de Saint-Nicolas (**Nikolaikirche**).

O

Dans la cathédrale, il y a les sépultures de l'**Empéreur Otto le Grand** et de sa première épouse Editha. La statue équestre sur la place du vieux marché montre également Otto, le fondateur du Moritzkloster (monastère Saint Maurice) en 937 et de l'archevêché de Magdeburg.

P

Le **Puppentheater** (théâtre de marionnettes) riche en traditions à Buckau fait plaisir aux grands et petits avec ses présentations réussies. Actuellement, "l'association des amis du théâtre de marionnettes" a été fondée. Au 18e siècle, la ville devint la forteresse la plus forte de la **Prussie**. De nombreuses fortifications font encore témoignage de cette époque-là.

Q

L'eau potable de Magdeburg extraite des landes près de Magdeburg est d'une **qualité** particulière.

R

Au Moyen Age, le progressisme de la législation magdebourgeoise (en allemand: Magdeburger **Recht**) fut connu jusqu'aux villes sud- et est-européennes. La ville elle-même faisait fonction de Cour suprême de justice. Entre 1220 et 1232, le chevalier **Eike von Repgow** édita le "Sachsenspiegel" – une collection de principes de législation en vigueur dans le Land de Saxe qui ne furent jusqu'alors transmis qu'oralement.

S

Sudenburg est un vieux quartier au sud de la ville. Il est traversé par la rue Halberstädter Strasse. Le "Sudenburg" fut une zone d'habitat à l'époque d'Otto déjà.

Depuis sa destruction par les troupes de la Wehrmacht allemande e 1945 l'ancien pont **Sternbrücke** construit en 1922 n'est qu'un fragmen Il était destiné à assurer une meilleure liaison entre les quartiers su (Sudenburg, Buckau) et la rive est de l'Elbe. Il permettait de plus ur bonne circulation au terrain d'expositions dans le Stadtpark (parc de ville).

T

En sus du théâtre de marionnettes sus-mentionné il existe encore le **théâtres** suivants: le Grand Théâtre à la place Universitätsplatz et théâtre Freie Kammerspiele (théâte intime libre). **Bruno Taut** était co seiller municipal de l'urbanisme et un architecte important de notre vi qui, en 1921, créait pour les Magdebourgeois de meilleures conditio d'habitation selon les traditions du Bauhaus dans les différentes co nies d'habitation qu'il avait projetées.
Un autre fils connu de la ville fut le compositeur **Georg Philipp Tel mann** (1681 – 1767). On dit que sa maison natale se trouva près du m nastère.

U

Magdeburg a une **université technique** avec les spécialités principale engineering, électrotechnique, informatique, construction mécanique.

V

La ville a des problèmes de circulation (en allemand: **Verkehrsprobl me**) parce qu'il y a plus d'un goulot d'étranglement dans la ville. Les p nificateur de la circulation feraient bien d'accorder aux transports p blics une place importante dans leurs programmes. Le présent **Volk garten** (jardin populaire) où une plaque commémorative rappelle s fondateur Lenné fut créé en 1825/26 sur le terrain du monastère Ber détruit par les Français.

W

Les colonies d'habitation magdebourgeoises (en allemand: **Wohnsie lungen**) sont d'une valeur esthétique et architectonique. Dessinées p l'architecte Bruno Taut, les colonies "Reform", "Westernplan" et Beims" aujourd'hui protégées méritent d'être mentionnées.

X

Les Magdebourgeois ne se font pas prendre des vessies pour des la ternes (en allemand: **ein X für ein U vormachen**). Ils ont la réputati d'être serviable bienqu'ils soient un peu avares de paroles.
.pa V362

Y

La ville au bord du fleuve ne possède pas encore un **port de yach** Mais ce qu'il n'y a pas encore deviendra un jour.

Z

La "Volksstimme" est le journal (en allemand: **Zeitung**) du Magdebo geois. Fondé en 1890 il a tenu bon dans le tempêtes du temps et a f disparaître tous les autres concurrents.

ustrations:

age 4: The **Town hall** celebrated its three hundredth anniversary in 91. The foundation stone for the west front of today's town hall buil- g was laid on September 14, 1691. The very first town hall was built early as the 13th century, but was destroyed in a big fire. Another to- hall building was erected in today's Jakobstrasse, but it was dest- yed in 1631 as well. The town hall was built in the Italian-Dutch Re- issance style. After the destruction in 1945, the burnt-out building s reconstructed in the style typical of the 17th century, facing the old rket square on one side. A three-bay new building with saddleback ofs and eastern pediment was annexed on its eastern side. e bronze door made by Heinrich Apel (born 1935) in 1970 continues gdeburg's long tradition of metal-casting skills.

age 5: It is claimed that **Till Eulenspiegel** played a trick on the people Magdeburg. The fountain in the **Alter Markt** (the Old Market Square) ows Eulenspiegel in a pose confident of his victory which allows to aw the above conclusion. d signboards (merchant's marks) which decorated the houses in the naissance and Baroque periods are to be seen on a wall in the back- ound. These marks did not only decorate a town house but they also rved as a house number which was not yet customary in those days. ere was, for example, a house marked "Zum schwarzen Raben" (The ack Raven" or another one called "Zum goldenen Bienenkorb" (The lden Beehive). The signboards which we can admire today were sa- d from the ruins of the destroyed city in 1945.

ge 6 : The **Statue of Otto von Guericke** in front of the "Hauptwache" ilding is a bronze sculpture seated on a natural stone base which is corated with relief plates. Otto von Guericke (1602-1686) was Mag- burg's mayor from 1646 to 1686. He was an extraordinary scientist, gineer, physician and diplomat. He became well known because of experiments with the vaccum. His invention of the piston air pump tes back to the year 1650. Today, his famous experiment with the agdeburg Hemispheres" is staged every year to demonstrate the ect of the vaccum. One of the reliefs shows the silhouette of Magde- rg prior to the destruction in 1631, another one the hemisphere expe- ent of 1657. e mighty "Hauptwache" building in the background houses the muni- al corporation.

ge 7: **Dr. Eisenbart** – was he a real wonder doctor or just a quack? e infamous surgeon lived from 1663 to 1727 and became known for spectacular operations such as the "cataract operation" for which he veloped his own surgical instrumentarium. The bronze sculpture be- d the Hauptwache building in W.-Weitling Strasse shows Eisenbart a blatant pose. The reliefs attached to the outsides of the fountain tain mocking verses.

Page 8: The **Cathedral** is the symbol of the city on River Elbe and a magnificent example of medieval architecture in Germany. The mighty Gothic building which was erected by several generations in the course of more than 300 years has lost nothing of its impressiven- ess, even in our modern age of high technology. Despite many losses in wars and iconoclasm at the time of Reformati- on, the cathedral houses valuable pieces of art, medieval and contem- porary sculptures. Recently, the anti-war memorial created by the sculptor **Ernst Barlach** (1870–1938) has become a place of pilgrimage for many peace-loving people.

Page 9: A real treasure - the 'door to heaven' depicting the wise and the foolish maidens. At the time of the political turn-around in the autumn of 1989 the cathedral and its parishioners had a calming and reassuring effect on the masses of the people. It was here in the cathedral that people met for prayers before they set off for their "Monday marches" and that they were urged not to use violence.

Page 10: Baroque-style façades dating from the 18th century border the historical **Cathedral Square** on two sides between the cathedral and the "Unser Lieben Frauen" monastery. During excavations in the 1960s, beside remnants of Carolingian fortifi- cations even structural remnants dating back as far as the 10th century were uncovered. Later the large square was used to celebrate the 'Gent's Fair', however, it is also a very convenient place for big rallies. The building at the corner houses the parliament of Saxony-Anhalt.

Page 11: The **Monastery "Unser Lieben Frauen" (of Our Lady)** in the "Regierungsstrasse" is the oldest building in the city. It was founded around the year 1015 as an Augustinian canons' convent. There is no- thing left of the original buildings. As preserved today, the Romanesque monastery was built by the Premonstratensian order in about 1250. For many years, the historic monastery has been used as a place to hold cultural events. Concerts are given regularly in the **Georg Phillipp Telemann concert hall** equipped with a big concert organ. The aim is to attract and familiarize many people with classical music. The upper barrel vault and the cloister house a permanent exhibition of small-si- zed sculptures. The west wing accommodates the monastery's antique library.Large- sized sculptures have their places in the cloister and in the open green spaces surrounding the monastery.

Page 12: The **"Hubbrücke"** bridge with the cathedral viewed from the Rotehorn park. Construction work on the first railway bridge crossing the River Elbe in the town of Magdeburg began in 1846/47. This exam- ple of special bridge design is the oldest bascule bridge in Europe and is protected by a preservation order. Used by pedestrians and the rail- way, the bridge forms a short link between the Rotehorn park and the city. It is supported on eight piers and designed as a swing bridge to allow shipping on River Elbe at any time. In the case of high water the 90 m long central bay can be lifted up to max. 2.87 metres thus allowing ships to pass through.

Page 13: The "Württemberg" was the last towing steamer on the River Elbe, in service until 1974. The side paddle-wheel steamer was built in 1908/09. It has a total length of 63.80 metres and the largest width is 15 metres. The engine had a power output of 625 horsepower, acting on two paddle wheels of 3.52 meters in diameter. In 1976 the "Württemberg" was anchored on the shore of the River Elbe. Since that time she has been both a popular ship museum and a restaurant aboard ship.

Page 14: The Magdeburg City Park, also called the Rotehorn Park, covers an area of 230 hectares forming an island in the middle of the River Elbe.
The park comprises a large exhibition ground and a landscape park designed in the style of English landscape parks. The large exhibition grounds and the "Adolf-Mittag-See" lake, are located in the centre of the peninsular.
The oldest buildings near the "Adolf-Mittag-See" lake are the Marientempel (St Mary's Temple), the pergola and the perron leading down to the lake. St. Mary's Temple was a donation from the Mittag Family who willed the city 50,000 Marks
to be used to brighten up the Rotehorn Park.

Page 15: The Lookout Tower was built on the occasion of the theatre exhibition in 1927. It is 50 metres high and accommodates a restaurant on its top.
The theatre exhibition also necessitated the construction of the "Stadthalle" designed by Johannes Göderitz (1888–1978). The façade is rythmically structured emphasizing the interesting architectural features. The hall, comprising a major hall and several larger or smaller rooms, was built in a record time of only about five months and was inaugurated in 1926. The entire hall is supported on a complicated pile foundation which was necessary because of the bad subgrade.
The name "Rotehorn" goes back to a saga in which a red horn plays an important role in a fateful love story.

Page 16: "Kiek in die Köken" meaning "look into the kitchen" is a watch-tower on the "Fürstenwall". From this place the watchman could not only overlook the River Elbe but also peep into the pots of the episcopal palace.

Page 17: The Chapel of Mary Magdalene near the "Petriförder" was built on the premises of the former Monastery of Mary Magdalene as a chapel of atonement or Corpus Christi in 1315. It was destroyed twice, in 1631 and 1945 and was restorated again in 1988. In 1991 the Chapel of Mary Magdalene hosted the festival of its patroness for the first time again after many years. Attached to the wall in the foreground are relief

sculptures showing "Magdeburg characters" as seen by the sculptor Apel.

Page 18: The first fortified walls and fortress buildings were erected the reign of Emperor Otto I. The fortification forming the northeaste border is today's "Lukas-Klause". It was built in 1280 as the "Rom Gate". In the 19th century it was called "The Prussian Tower". The pr sent name of the building goes back to the year 1900 when the buildi was converted into a home for artists. Today it houses art exhibitio and a restaurant which invites the visitor to stay awhile and enjoy go cuisine and a magnificent view of the city wall and the River Elbe. At th place the city wall is well restored. There is an old cannon with its muz le still directed downstream of the River Elbe towards the approachi enemy. Despite this strong bastion the troops of Tilly penetrated the wn here and destroyed it almost completely.

Page 19: Going by car or bus along the embankment of the River Elb called the Schleinufer, one has a good view over the river and pass the most important ecclesiastical buildings in the city.
From here one can see the ruins of St John's Church which is shor to be rebuilt with the money to be provided by a foundation.
It was of special importance as a burial place of the patrician famili and plaid a role in the history of the city because Martin Luther pre ched here in 1524 thus helping reformation on the road to succes There is a statue of Martin Luther next to the entrance reminding the sitor of the great Reformer.

Page 20: Intensive reconstruction work is going on at and near "Hasselbachplatz". The backyards which didn't get any light are be pulled down. These were the flats in which the industrial workers of 19th century eked out a miserable existence.
Restored and converted houses stand next to the old ones. Their bri and new façades make the old ones appear even more delapidate Much more work will have to be done to make each of these houses attractive place to live in. Several small restaurants and pubs have ready been opened and offer a ray of hope for a future attractive night fe in the city.

Page 21: Everybody in the city knows the Hasselbachplatz borderi the "Breiter Weg" and the "Otto-von-Guericke-Strasse" in the Sou The "Hasselbachplatz" is the busiest square in the city forming a tra junction for tram and car traffic. In the mid eighties, an ambitious proj of urban redevelopment was commenced from here.
The house at the corner, called "Plättbolzen", is a real gem in this squ re which was named after Carl Gustav Friedrich Hasselbach (180 1891) who was the city's Lord Mayor and received the freedom of Ma deburg.

Page 22: The "Otto-von-Guericke-Strasse" near the Hasselbachpl conveys an idea of the splendour of Gründerzeit architecture, the p of rapid industrial expansion in Germany after 1871. The houses we-completely converted and the employees of the local government oved into the new flats.

e **Museum of History and Culture** which was built in the neo-naissance style in 1906 was first inaugurated as "Kaiser-Friedrich-useum".

e exhibition comprises paintings, furniture and pieces of ceramic ork from several eras. In addition, the original equestrian statue of Ot-I from the Old Market Square is also on display.

age 23: The **"Palais am Fürstenwall"** is the seat of the government d the Prime Minister of the Land of Saxony-Anhalt. Located in the egelstrasse in the direct vicinity of the cathedral, the palace has been e domicile of the most diverse masters.

1899 the chief commander of the military forces moved into the buil-g. In addition, it was a guest house of the imperial family. After 1945 e palace was the domicile of the Society for German-Soviet Friends-.

e interior is richly decorated in the style of an Italian palace with a lendid central staircase and upper gallery.

ge 24: The **"Hegelstrasse"** is to be reconverted into the most ma-ificent avenue of Saxony-Anhalt's capital city. Valuable old trees line e avenue which is bordered on one side by the cathedral and accom-odates the domicile of the Prime Minister. Some of the houses which merly had spacious, luxurious apartments for the families of govern-ent officials and officers are today in a sorry state and in serious need repair because they were neglected over quite a period of time. Com-ehensive restoration of façades and pavements will commence this ar.

ge 25: A most attractive **playground** is situated in the centre of the y, in the Hegelstrasse which is to be redeveloped into a magnificent ulvard.

e spacious playground which is equipped with many toys made of tural materials attracts children from all over the city. The water basin a special attraction in summer. Unfortunately the number of good and fe playgrounds in the city is still far too low.

ge 26: The **Gruson Greenhouses** with their collection of exotic nts are an attraction for many people who want to escape their nor-l surroundings for a short time. Herrmann Gruson who founded this nt collection was not only an industrialist but also a great lover of nts. After the death of Gruson, his heirs donated the collection to the .

e **"Volksgarten"**, the people's garden, bordering the greenhouses s designed by Peter Joseph Lennè. He made the plans for the first ople's garden in Germany in 1824 and his plans were put into reality the premises of the former Kloster Berge monastery from 1825 to 29. The design of the park is an impressive example of real harmony

between man, art and nature. A central place is the manor house built to the plans of the architect Karl Friedrich Schinkel.

Page 27: The statue of **Eike-von-Repgow** decorates the corner bet-ween the "Hallische Strasse" and the "Carl-Miller-Strasse" with a view to the Ministry of the Interior. The statue is dedicated to the knight Eike von Repgow (circa 1180-1235) who issued his **"Sachsenspiegel"**, a collection of basic principles of Saxon Land Law, in the years 1220 to 1232. The "Sachsenspiegel" is the most important book on principals of law of those days.

Page 28: **St Nicholas Church** was built from 1821 to 1824 to plans de-signed by **Karl Friedrich Schinkel**. It is located in Neue Neustadt and is Magdeburg's most important building in the Classic Revival style. The elongated hall has lateral galleries with two circles supported by square pillars. The eastern side is completed by a circular choir and has two square towers the height of which was later increased by one addi-tional storey. The gable on the western side is richly decorated and has a tripartite entrance. The St Nicholas Church was destroyed for the first time in 1813 and for the second time in World War Two. It was rebuilt in the period from 1948 to 1954.

Page 29: A **bas-relief frieze** depicting people starting to rebuild their ci-ty is to be seen on the gateway arch from "Breiter Weg" 16 to the "Bär-strasse". It was made by the sculptor Eberhard Roßdeutscher and re-calls May 1, 1951 when the foundation stone was laid for the first new houses with 115 flats and several shops.

Page 30: **Ernst-Reuter-Allee** is a wide avenue connecting the city's eastern and western parts. There are large green spaces in front of houses which were built in the early fifties under socialism. The "pioneers of post-war reconstruction" moved into these newly-built flats. This architecture was later called the "Stalinist style". However, spa-cious staircases and large flats make these houses attractive, some-thing which could never be achieved with the houses built later in the large-panel prefabricated construction method.

Page 31: The houses in the **"Breiter Weg"** tell of the varied history of our old city. There are some fine examples of German baroque archi-tecture at the Cafe' "Liliput" and of Gründerzeit architecture in the sou-thern section of the street while examples of socialist architecture and slab construction are to be seen in its northern part. The entire northern section bears witness to the architectural 'tristesse' of the 70s. In order to obtain architectural uniformity, St Cathrine's Church was blown up as late as in the 50s to built the former "House of the Teacher" which today houses the Ministry of Education.

Page 32: The mighty **Main Post Office** at Breiter Weg 203-206 was built by the Higher Postal Board of Magdeburg in the years 1895 – 1899. The prestigious façade follows the late Dutch Gothic style. The western wing in "Max-Josef-Metzger-Strasse" is an example of German Renaissance.

The damage caused in the Second World War was eliminated by comprehensive restauration in the period from 1974 to 1986.

A memorial plaque recalls the German General Steuben who was born in Magdeburg.

Page 33: In the past the **"Leiterstrasse"** was a popular street thronging with shoppers and window shoppers. It branched off the "Breiter Weg". Under socialism the old houses in the Leiterstrasse were pulled down with the intention of creating a new socialist street. Although it was a construction site for over 20 years, the result is disappointing rather than encouraging.

The only exception is the "Teufelsbrunnen", or devil's fountain, created by Heinrich Apel. It has become a witty symbol of the street which, although it is a pedestrian precinct in the centre of the city, has never experienced real bustling activity.

Page 34: The **"Otto von Guericke" University of Advanced Technology** enjoyed a good reputation even under socialism. It offers basic and supplementary study courses in computer science, production engineering, economic science, electrical and mechanical engineering and others. There are nine faculties comprising 45 schools offering 12 regular study courses and more than 30 specializations. For many years, physics has been a particular point of emphasis.

Page 35: The **"Barleber See" lake** is one of the largest and most popular recreational areas of the city. In summer, thousands of people, young and old alike, come by bike or car to enjoy themselves on the shores of the large gravel pit in summer.

There is a guarded bathing beach with catering facilities, a camp site for permanent campers and a surfing school.

Page 36: The **Ship Lift** on the River Elbe is located on the northern outskirts of Magdeburg and can also be reached by pleasure boat. It was put into service in 1938. The lifting gear overcomes a difference in water level of 18.50 metres.

This masterpiece of engineering was designed to the principle of weight counterbalance by drive. The ship lifts in Niederfinow and Henrichburg (near Dortmund) work to the same principle.

Approximately 2000 ships pass the ship lift each month. The total time required to pass the lock is 20 minutes.

Page 37: Impressions of Magdeburg's **Inland Harbour** which is located in the north on the city's lifeline, i.e. the River Elbe. It was the most important inland harbour of the former GDR. Today investors are required to convert this place into a centre for effective goods turnover.

Page 38: For a long period of time Magdeburg was only known as a centre of heavy machine construction. Two of the large companies are **SKET** and **SKL** with a labour force of many thousand people. SKL was founded by and named after R. Wolf in 1862. "SKET" was founded I H. Gruson as an iron foundry and machine factory in 1855. In 189 "SKET" was affiliated to the Krupp combine. Today restructuring co cepts are required to make these big companies competitive in the i ternational markets.

Page 39: Praised as a "happy island" in the 18th century, the **"Werde** could not escape the construction of high-rise buildings.

The Werder was a meeting point of literary and musical societies in t days of Klopstock who was in love with this island in the River Elbe.

Page 40: The **"Neustädter See" lake** is located in the north of Magd burg. It developed together with a new housing estate in the 70s. Hig rise buildings line the western shore of the lake. Towards the motorw the lake got bigger and bigger due to permanent gravel extraction.

Throughout the year the lake is a centre for recreation: in summer bathers, in winter for skaters and some courageous ice-bathers.

Page 41: The **new Olvenstedt housing development** is the younge of the city's new housing estates named "Neustädter Feld", "Schilfbr te" and "Reform".

The houses were built exclusively in the prefabricated large-panel co struction method thus creating 'dormitory towns' for thousands of pe ple because a homely atmosphere is hardly imaginable in these sate te towns. The "Walter-Friedrich-Hospital" on the periphery of the n housing development was the last hospital built under socialism in t city. It comprises four medical disciplines: gynaecology/obstetrics, p ediatrics, surgery, an accident and emergency centre and a large o patient's department.

Page 42: The **Main Railway Station** called Central Station when it w built in 1874–1882 follows the style of Italian High-Renaissance. It w in private hands until 1880 and became the property of the newly es blished Magdeburg Railway Board thereafter. In the course of time developed into an important railway junction. In 1938 the station w extensively reconstructed and the "Mitropa" catering facility was ann xed. It was severely damaged in the Second World War and reconstru ted in the period from 1945 to 1948.

Today the railway station forms an intersection of national and interr tional railway lines.

The **"International" Hotel** is directly opposite the main railway static Built in the 60s, it was the first in a chain of international hotels whi were built after 1945 in the former GDR. At present it is converted to s tisfy demands put on an international hotel.

Well-known banks have opened their branches near the main railw station although the buildings are still of a temporary nature.

Page 43: In the north "Lukas-Klause" forms the beginning of the **"E uferpromenade"**, a pedestrian footpath along the embankment of t River Elbe, leading to the "Hubbrücke" bridge. The stroller passes t **"Petriförder"**, the berth of the "White Fleet". Pleasure boats start fr re on a tour to the ship lift, the village of Niegripp or the "Herrenkrug". alking further south towards bridge "Strombrücke", various contemrary sculptures and fountains line the path. Among many others, theare the sculptures "The Ferryman" by Eberhard Roßdeutscher or the ish Fountain" and several sculptures by H. Apel attracting the eye of e visitor.

Page 44: The publishing and printing house of **"Volksstimme"**, the local paper of Magdeburg, is located in the "Bahnhofstrasse". The paper appeared in print for the first time in 1890.
Today it is the most popular daily in Saxony-Anhalt's capital city. Besides the daily, Volksstimme publishers issue the "MZ" and the "Generalanzeiger" once a week.

ustrations:

age No. 4: En 1991, **l'Hôtel de ville** a fêté son tricentenaire. La preière pierre de la façade occidentale du bâtiment qui abrite aujourd'hui mairie de Magdeburg, fut posée le 14 séptembre 1691. Cependant, premier hôtel de ville fut déjà construit au 13e siècle, mais un incense le détruisit. Un autre bâtiment fut ensuite édifié dans la rue nommée jourd'hui Jakobstrasse, mais fut aussi démoli en 1631. L'hôtel de ville t construit dans le style de la Renaissance italo-néerlandaise. Après déstruction en 1945, la façade sur le marché du bâtiment brûlé fut construite dans le goût du 17e siècle. Au côté oriental fut ajouté une uvelle construction comportant trois vaisseaux avec des toits en tière et des pignons orientaux. La porte en bronze créée en 1970 par einrich Apel (né en 1935), continue la tradition de la celèbre fonderie bronze de Magdeburg.

age No. 5: D'après ce qu'on dit, **Till Espiègle** joua ses mauvais tours ssi aux habitants de Magdeburg. Une telle conclusion s'impose si n regarde l'air triomphant de la sculpture de ce personnage qui surombe la fontaine du **Vieux Marché.**
ur un mur à l'arrière-plan sont aménagées des **plaques-enseignes ciennes** qui ornèrent autrefois les maisons des époques de la Reaissance et du baroque. Toutefois, leur raison ne se limita pas à celle un simple élément décoratif car elles servirent en même temps de mbole identificatif, l'emploi de numéros n'étant pas encore d'usage. nsi, il y avait la maison "Le corbeau noir" ou "La ruche d'or". Les plaes exposées furent retirées des décombres de la ville détruite en 45.

age No. 6: Le **monument d'Otto von Guericke** situé devant le bâtient principal de la garde (Hauptwache) est une statue assise en bronplacée sur un piédestal en pierres naturelles décoré de plaques à refs. Otto von Guericke (1602-1686) fut bourgmestre de Magdeburg ns les années de 1646 à 1686, et en même temps naturaliste, ingéeur, physicien et diplomate. Il est connu notamment pour ses expéries du vide. Son invention de la pompe pneumatique à piston re-

monte dans l'an 1650. Son expérience des **"hémisphères de Magdeburg",** démonstration impréssionnante de l'effet du vide, est jusqu'à nos jours répétée tous les ans. Un relief donne une vue panoramique de Magdeburg avant la destruction de la ville en 1631, un autre représente l'expérience des hémisphères de 1657.
A l'arrière-plan se situe le bâtiment imposant de la "Hauptwache" (garde principale) qui est aujourd'hui le siège de la municipalité.

Page No. 7: Le **docteur Eisenbart** – un docteur qui fit des miracles ou seulement un charlatan? Le fameux chirurgien qui vécut de 1663 à 1727, s'est distingué notamment par ses opérations spectaculaires telle que "l'opération de la cataracte", pour lesquelles il conçut ses propres instruments. La statue en bronze devant la Hauptwache dans la rue W.-Weitling-Strasse incarne Eisenbart dans une pose de bonimenteur. Sur les plaques extérieures de la fontaine sont inscrits des poèmes satiriques.

Page No. 8: La **cathédrale** – symbole de notre ville au bord de l'Elbe et exemple magnifique de l'art médiéval en Allemagne.
Malgré notre ère technologique, l'imposante construction gothique qui fut créée par plusieurs générations dans une période totale de plus de 300 ans, n'a rien perdu sur son aspect impressionnant dans la physionomie de la ville.
A l'intérieur, on peut toujours admirer de nombreuses sculptures précieuses du Moyen Age et de l'ère moderne que les guerres et les actions iconoclastes de l'époque de la Réformation ont épargnées. Récemment, le monument antiguerre d'**Ernst Barlach** (1870-1938) est devenu le pèlerinage de tous les gens épris de paix.

Page No. 9: Un bijou – le portail du paradis sculpté des vierges sages et des vierges folles. A l'époque du changement politique en automne 1989, la cathédrale et sa paroisse ont exercé leur action calmante sur les masses populaires. C'était ici qu'on s'est réuni avant les "manifestations du lundi" pour célébrer l'office qui appelait avec insistance à l'action non-violente.

Page No. 10: Des façades baroques du 18e siècle bordent deux côtés de la **place de la cathédrale** (Domplatz), site historique entre la cathédrale et le monastère "Notre-Dame". Des fouilles pratiquées dans les années 60 ont mis à découvert des vestiges de fortifications carolingiennes et de constructions datant du 10e siècle. Plus tard, la large place fut utilisée pour célébrer la messe des seigneurs. Mais elle convient aussi parfaitement pour des manifestations.
Dans la maison d'angle a emménagé le parlement régional.

Page No. 11: Le **monastère "Notre-Dame"** dans la rue Regierungsstrasse est le plus ancien bâtiment de notre ville. Il fut fondé comme chapitre de chanoines en 1015. Rien n'est plus conservé des constructions originales. Les ouvrages romans d'aujourd'hui furent construits avant 1250 environ sous l'influence de l'ordre des prémontrés. Depuis des années, le bâtiment historique est utilisé pour des fins culturelles. Ainsi, dans le but d'initier un large public à la musique classique, des soirées de concert ont lieu régulièrement dans la **salle de concert "Georg Philipp Telemann"** qui est équipée d'un grand orgue. Une exposition permanente de sculptures miniature est abritée dans la salle supérieure à voûte en berceau et dans le cloître du bâtiment. L'aile occidentale héberge l'ancienne bibliothèque du monastère. Dans l'enceinte du monastère et dans les espaces verts des environs sont exposées des sculptures géantes.

Page No. 12: Le **pont levant** avec la cathédrale à l'arrière-plan, vu du parc Rotehorn. La construction de ce premier pont de chemin de fer franchissant l'Elbe à Magdeburg fut réalisée dans les années 1846/47. Etant le plus ancien pont levant de l'Europe, cette construction est classée aujourd'hui monument technique. Utilisé par les piétons et le chemin de fer, le pont sert à relier la ville au parc Rotehorn. Il est logé sur huit piles et conçu comme pont levant afin de permettre la navigation fluviale sur l'Elbe à tout moment. En période de crue, la travée centrale ayant une longueur de 90 m peut être relevée à une hauteur maximale de 2,87 m pour laisser passer les bateaux.

Page No. 13: Le **"Württemberg"** fut le dernier remorqueur sur l'Elbe qui était en service jusqu'à 1974. Ce vapeur à roues latérales fut construit en 1908/09. Il a une longueur totale de 63,80 m et une largeur maximale de 15 m. Sa machine avait une puissance de 625 CV, agissant sur deux roues à palettes dont chacune a un diamètre de 3,52 m. En 1976, le "Württemberg" a été mis à terre au bord de l'Elbe dans le parc Rotehorn. Dès lors, le bateau est un musée marin et un restaurant bien aimé.

Page No. 14: Le **parc municipal de Magdeburg** nommé **parc Rotehorn** se situe au plein milieu du fleuve l'Elbe et s'étend sur une superficie de 230 hectares.
Couvrant un espace géant, l'enceinte englobe dans son étendue tant un grand terrain d'exposition qu'un parc à l'anglaise. Au milieu de la presqu'île s'étend le grand terrain d'exposition autour du lac Adolf-Mittag-See.
Les plus anciens ouvrages aménagés sur le terrain au bord du l **Adolf-Mittag-See** sont le **temple Sainte-Marie**, la pergola et l'escali extérieur menant au lac. Le temple Sainte-Marie est dû à un don d époux Mittag qui ont légué 50 000 marks à la ville pour l'embelliss ment du parc Rotehorn.

Page No. 15: A l'occasion de l'exposition du théâtre en 1927 fut contr te la **tour à vue panoramique** qui s'élève à une hauteur de 50 m compris la construction superposée qui abrite un restaurant.
L'exposition du théâtre a rendu nécessaire aussi la construction du **p villon municipal** (Stadthalle). Le projet de ce bâtiment fut dressé p Johannes Göderitz (1888-1978) dont la conception rythmée de la fa de extérieure caractérise l'architecture de l'ouvrage. Le pavillon c comporte une grande salle principale et plusieurs salles secondaires été édifié dans le temps record de près de 5 mois. Son inaugurati avait lieu en 1926. A cause du mauvais sous-sol, l'ensemble du pavill repose sur une construction complexe en pilotis.
Le mot **"Rotehorn"** (corne rouge) remonte à une histoire d'amour fun ste dans laquelle une corne rouge joua un rôle important.

Page No. 16: **"Kiek in die Köken"** – nom populaire d'une échauguet au rempart des princes (Fürstenwall) signifiant "regarde dans la cui ne". Depuis cette échauguette, la sentinelle pouvait promener ses r gards non seulement sur l'Elbe mais aussi dans les marmites de la c sine au palais de archevêque.

Page No. 17: La **chapelle de la Sainte Marie Madelaine** sur le P trifôrder fut édifiée en 1315 comme chapelle d'expiation et de Fête-Di sur le terrain de l'ancien monastère de la Sainte Madelaine. Elle détruite en 1631 et 1945. La dernière remise en état date de 198 C'est en 1991 que la fête du patron de la chapelle, la Sainte Madelair y fut célébrée pour la première fois depuis de longues années.
Sur lemur au premier plan on voit "les originaux de Magdeburg" cré par le sculpteur H. Apel.

Page No. 18: **Otton Ier** fit édifié les premières fortifications autour de ville. La fortification à l'extrême nord-est forma le bâtiment nommé a jourd'hui **"Lukas-Klause"**. Il fut construit en 1280 sous le nom de "W sches Tor". Au 18e siècle, on l'appela aussi "Tor Preußen". Son nom a tuel date de l'année 1900 lorsque l'édifice fut transformée après qu'e a été passée entre les mains d'artistes. Aujourd'hui, le "Lukas-Klaus abrite des salles d'exposition et un restaurant qui offre une vue merve leuse sur le mur d'enceinte de la ville et le fleuve de l'Elbe. Dans cet section, le mur d'enceinte se présente dans un état bien restauré. vieux canon est orienté avec sa bouche en aval de l'Elbe, direction pr sumée pour l'attaque des ennemis éventuels. Malgré ce fort rempa les troupes de Tilly réussirent à pénétrer ici dans la ville en 1631 pour détruire dans sa quasi-totalité.

Page No. 19: Une promenade en voiture ou en autobus dans la rue qui [lon]ge la rive gauche de l'Elbe, la **Schleinufer,** offre une belle vue sur le [fle]uve tout en permettant de passer devant les plus importantes églises [de] la ville.

[Ci]-contre une vue de la ruine de l'**église Saint-Jean** dont la reconstruc-[tio]n sous les auspices d'un comité est prévue. L'église avait une impor-[tan]ce particulière comme site d'enterrement des familles supérieures [au] Moyen Age, mais aussi pour l'histoire de la ville car c'était dans cette [ég]lise où Martin Luther vint prêcher en 1524, faisant ainsi triompher la [Ré]formation à Magdeburg. La statue de Luther devant l'entrée en est [un]e commémoration.

[La] chapelle Sainte-Marie-Madeleine située devant l'embarcadère Pe-[tri]förder fut édifiée en 1315 sur le terrain de l'ancien monastère Sainte-[Ma]deleine pour y célébrer la Fête-Dieu et les cérémonies expiatoires. [Le] bâtiment fut détruit en 1631 et en 1945. La dernière remise en état [da]te de 1988. En 1991, la chapelle Sainte-Madeleine a repris, après un [ab]andon de longues années, la fête de la patronne.

[Su]r le mur à l'avant-plan sont accolés les "Originaux de Magdeburg", [sc]ulptures créées par H. Apel.

[P]age No. 20: Autour de la **Hasselbachplatz,** ça construit, ça renove et [ça] démolit. La démolition concerne les sombres arrière-cours qui faisai-[en]t partie du triste habitat des ouvriers industriels du 19e siècle. Le [no]uveau rejoint l'ancien. Toutefois, à côté des nouvelles façades [fra]îches, les anciens bâtiments paraissent d'autant plus détériorés. Be-[au]coup reste à faire pour que chaque maison reprend sa vocation d'ha-[bit]ation attrayante. De nombreux restaurants et brasseries se sont déjà [in]stallés, laissant espérer à une future vie nocturne animée au centre-[vil]le.

[P]age No. 21: Chaque citadin connait la **Hasselbachplatz** où se termi-[ne]nt les rues Breiter Weg et Otto-von-Guericke-Strasse dans leur di-[re]ction sud. La Hasselbachplatz est le plus important carrefour urbain [de] la circulation automobile et tramway. Au milieu des années 80, on [av]ait choisi cet endroit pour entamer un programme ambitieux de l'as-[sa]inissement du centre-ville.

[La] maison d'angle ci-contre surnommée "fer à repasser" est un bijou [pa]rticulier de la place qui fut nommée d'après le citoyen d'honneur et [pre]mier bourgmestre de la ville Carl Gustav Friedrich Hasselbach [18]09–1891).

[P]age No. 22: L'aspect de la rue Otto-von-Guericke-Straße à la hauteur [de] la Hasselbachplatz donne une idée de l'architecture **magnifique [de]s années 1870/73** (Gründerzeit). Renovés soigneusement de fond [en] comble, ces immeubles abritent des logements où se sont installés [le]s fonctionnaires de l'administration régionale.

[Le] **musée de l'histoire** culturelle construit dans le style de la néo-Re-[na]issance et inauguré en 1906 sous le nom de "Kaiser-Friedrich-Muse-

um", se situe dans la rue Otto-von-Guericke-Strasse. Il abrite notam-ment des peintures, des meubles et des objets céramiques datant de différentes époques. D'ailleurs, c'est l'original de la statue équestre du Vieux Marché que l'on peut admirer dans ce musée.

Page No. 23: Le **palais au rempart des princes** est le siège du gou-vernement et du premier ministre du Lande de Saxe-Anhalt. Situé dans la rue Hegelstrasse à proximité immédiate de la cathédrale, la maison a déjà abrité des résidents les plus divers. En 1899 s'y installa le militaire avec son état-major de corps d'armée, parallèlement la maison servit de résidence pour les invités de la famille impériale. Après 1945, le pa-lais fut transformé en Maison de l'amitié germano-soviétique. L'intérieur est conçu dans le style somptueux d'un palazzo italien dont l'ouvrage central est un escalier qui mène à une galerie de pourtour supérieure.

Page No. 24: La rue **Hegelstrasse** est préconisée de redevenir l'ave-nue magistrale de la capitale régionale. La rue-allée bordée de vieux arbres précieux aboutit à la cathédrale avant de passer devant le siège du premier ministre. A cause de leur négligence, les immeubles équipés autrefois de logements somptueux pour les familles des fonc-tionnaires et des officiers, présentent aujourd'hui des dégâts considéra-bles qui nécessitent la remise en état. Encore cette année seront ent-amés des travaux d'envergure en vue de la rénovation à l'ancienne des façades et des trottoirs.

Page No. 25: Ce **terrain de jeux** se trouve au plein milieu de la ville, plus précisément dans la rue Hegelstrasse préconisée de redevenir une rue somptueuse. Le terrain de jeux largement équipé de matériaux naturels attire les enfants de toute la ville. En été, c'est le bassin d'eau qui est au centre des intérêts. Malheureusement, il y a encore trop peu de terrains de jeux bien équipés et sûrs dans la ville.

Page No. 26 Les **serres de Gruson** avec leur collection de plantes exotiques sont un abri pour tous les gens qui souhaitent fuir les envi-rons quotidiens pour peu de temps. Herrmann Gruson, le fondateur de la collection de plantes, ne fut pas seulement industriel mais aussi un grand amateur de plantes. Après sa mort, les héritiers ont donné la collection en cadeau à la municipalité.

Depuis les serres, on peut entrer directement dans le **"Volksgarten"** (jardin public) dont le projet fut dressé par Peter Joseph Lenné qui avait conçu le plan du premier jardin public de l'Allemagne en 1824. Ce pro-jet fut réalisé entre 1825 et 1829 sur le terrain de l'ancien monastère de Berge. La conception du parc a réussi de manière impressionnante à créer une véritable harmonie entre l'homme, l'art et la nature. Le tout est arrangé autour de la maison sociale qui fut édifiée d'après les plans de Karl Friedrich Schinkel.

Page No. 27: Le **monument d'Eike von Repgow** se situe en face du ministère de l'Intérieur dans l'angle que forment les rues Hallische Strasse et Carl-Miller-Strasse. Il commémore le chevalier Eike von

Repgow (vers 1180-1235) qui écrivit entre 1220 et 1232 le "Sachsen-spiegel" (miroir saxon), une collection des principes de juridiction régionale de la Saxe qui ne furent transmis jusque là qu'oralement. Le "Sachsenspiegel" est le plus important livre juridique de son époque.

Page No. 28: L'**église Saint-Nicolas** fut édifiée dans les années de 1821 à 1824 d'après des projets dressés par **Karl Friedrich Schinkel** (1781-1841). Elle se situe dans le quartier Neue Neustadt et représente la plus importante construction du classicisme à Magdeburg. Le vaisseau allongé comporte deux galéries latérales à deux niveaux qui reposent sur des colonnes carrées. La façade orientale se termine en coeur rond et deux tours de section carrée qui furent surélevées plus tard d'un étage. L'entrée à trois parties sur la façade occidentale est comblée d'un fronton décoratif. Détruite en 1813 et durant la Seconde Guerre mondiale, l'église Saint-Nicolas fut reconstruite de 1948 à 1954.

Page No. 29: L'arceau surplombant le passage à la rue Bärstrasse (Breiter Weg 16) est orné d'un **bas-relief** représentant des personnes qui commencent la reconstruction de la ville. Il fut créé par le sculpteur Eberhard Roßdeutscher et commémore la pose de la première pierre, le 1er mai 1951, pour la construction du premier nouveau quartier de 115 logements et plusieurs magasins.

Page No. 30: La **Ernst-Reuter-Allee** est une large rue importante qui assure la communication est-ouest au centre-ville. Elle est bordée de grands espaces verts et d'immeubles qui datent du début des années 50 lorsque la reconstruction de la ville fut entamée sous le régime socialiste. C'était le champs d'activités des "activistes de la première heure". L'architecture surnommée plus tard brièvement "constructions staliniennes", se caractérise par une conception généreuse des escaliers et des logements dont l'étendue n'était plus jamais égalée par les constructions à plaques préfabriquées ultérieures.

Page No. 31: Les immeubles bordant la rue **Breiter Weg** temoignent de l'histoire changeante de notre vieille ville. A part des dernières maisons baroques à la hauteur du café "Liliput" et des constructions datant de l'époque de 1871/73 (Gründerzeit) dans la section sud, on trouve aussi des exemples de l'architecture socialiste des immeubles à plaques préfabriquées dans la section nord qui témoigne dans son ensemble de la monotonie architecturale des années 70. Afin d'obtenir cette uniformité architecturale, on avait fait sauter dans les années 50 l'église Sainte-Cathérine pour construire dans cet endroit le bâtiment qui abritait auparavant la "maison des enseignants" avant de devenir le siège du ministère de l'Education.

Page No. 32: L'imposant **bâtiment de la grande poste** dans la rue Breiter Weg 203-206 fut édifié dans les années 1895 à 1899 sur l'ordre de la direction régionale des postes de Magdeburg. La belle façade fut créée à l'instar du style de la gothique tardive néerlandaise. Le bâtiment ouest dans la rue Max-Josef-Metzger-Strasse est un exemple de la Renaissance allemande. Les dégâts résultant de la Seconde Guerre

mondiale furent éliminés par un programme complexe de restaurati de 1974 à 1986. Sur la façade vers la rue Breiter Weg est aménag une plaque commémorative en souvenir du général allemand Steub qui fut né ici.

Page No. 33: La rue **Leiterstrasse** qui descend de la rue Breiter Weg fut dans le passé une rue commerciale bien aimée par de nombre gens qui y flânaient ou venaient pour faire leurs achats. Après la dém lition des anciens bâtiments, on entendait y aménager une nouvelle r socialiste. Durant plus de 20 ans la rue était en chantier, et le résultat donne nullement lieu à s'en vanter.

Seule la "**fontaine diabolique**" créée par Heinrich Apel est deven un symbole originale de la rue. Autrement, bien que située en plein ce tre-ville, la rue piétonne n'est pas tellement animée comme on le so haiterait.

Page No. 34: a bonne réputation dont réjouit l'**université techniqu** "**Otto von Guericke**" date déjà de l'époque socialiste. A part des é des fondamentales et d'autres études, l'université restructurée consa re ses activités aujourd'hui aux disciplines de l'informatique, de la te nique des procédés et des sciences économiques. Il y a aujourd'hu facultés comportant 45 instituts qui proposent 12 études réguliér avec plus de 30 spécialisations, le domaine le plus important étant c puis des années celui de la physique.

Page No. 35: Le lac **Barleber See** figure parmi les plus grandes et l plus populaires bases de récréation de la ville. En été, on aperçoit d milliers de personnes qui partent en vélo ou en voiture pour la plage bord de l'ancienne gravière. La base dispose d'une plage gardée, restaurations, d'un terrain de camping pour abonnés et d'une école planche à voile.

Page No. 36: Un des circuits des bateaux d'agrément qui se promène sur l'Elbe mène à l'**élévateur pour bateaux** situé au bord de l'Elbe peu au nord de Magdeburg. Cet ouvrage de relevage qui fut mis en se vice en 1938 permet de franchir une dénivellation maximale de 18,50 entre deux niveaux d'eau. La conception de ce chef-d'oeuvre techniq repose sur le principe de la mise en équilibre des poids au moyen groupe moteur. Les élévateurs à Niederfinow et à Henrichenburg (pr de Dortmund) fonctionnent suivant le même principe. Près de 2000 b teaux passent chaque mois par l'ouvrage. Le temps de séjour total p passage est de 20 minutes.

Page No. 37: Voici quelques vues du **port fluvial** qui se situe au no de la ville au bord de l'Elbe, artère vitale. Autrefois le plus grand port f vial de la R.D.A., le site est aujourd'hui à la recherche d'investisseu qui s'y engagent.

Page No. 38: Durant de longues années, Magdeburg n'était connu q comme ville de la grosse construction mécanique. Les deux grand usines **SKET** et **SKL** situées au sud-est de la ville et employant un tif de plusieurs milliers de personnes en sont des exemples. La SKL fondée en 1862 par R. Wolf dont elle porta le nom. La SKET fut fonée par H. Gruson en 1855 comme fonderie de fonte et atelier de conuctions mécaniques. En 1893 la SKET fut rattachée au trust de upp. Aujourd'hui les usines géantes ont besoin de nouveaux conpts pour rester compétitives.

ge No. 39: Glorifiée au 18e siècle comme "île heureuse", la **Werder** tait pas épargnée non plus des immeubles d'habitation. C'est ici où rencontrèrent des sociétés littéraires et musicales à l'époque de pstock qui fut captivé par le charme de cette île fluviale.

ge No. 40: Au nord de la ville s'étend le lac **Neustädter See** qui a été e avec le nouveau quartier d'habitation dans les années 70. La rive cidentale est bordée d'immeubles. Par contre, le lac s'agrandissait plus en plus dans la direction de l'autoroute à cause de l'exploitation ntinue de gravier.

lac est une base de détente durant toute l'année. En été, on vient ici ur se baigner; et en hiver, le lac est transformé en patinoire et il y a elques courageux qui osent se baigner dans l'eau gelée du lac.

ge No. 41: Le **nouveau quartier d'habitation d'Olvenstedt** est le rnier-né des nouveaux quartiers de la ville tels que Neustädter Feld, hilfbreite ou Reform. Construite exclusivement en plaques préfabriées, cette cité-dortoir qui loge des milliers d'habitants, est loin de er une ambiance résidentielle agréable. L'hôpital Walter Friedrich si-à la périphérie du nouveau quartier est le dernier nouvel hôpital caractère socialiste dans notre ville. Il comporte différents services écialisés (gynécologie/obstétrique, pédiatrie, chirurgie), un service ntral d'aide médical d'urgence et un grand dispensaire.

ge No. 42: La **gare principale** (Hauptbahnhof) appelée gare centra-(Centralbahnhof) à l'époque de sa construction de 1874 à 1882, se présente dans le style de la Renaissance mûrie italienne. Propriété privée jusqu'à 1880, puis propriété de la direction régionale des chemins de fer de Magdeburg nouvellement fondée, la gare principale est devenue un noeud ferroviaire important. Une transformation d'envergure fut entreprise en 1938 dans le cadre de la nouvelle construction du Mitropa (restaurant ferroviaire). Après avoir été fortement détruite durant la Seconde Guerre mondiale, la gare fut reconstruite de 1945 à 1948. Aujourd'hui, la gare est aussi desservie par certaines grandes lignes internationales.

En face de la gare s'élève l'**hôtel "International"**, le premier hôtel de la chaîne Interhotel qui fut construit après 1945 dans les années 60. Actuellement, un programme de rattrapage au niveau hôtelier international y est réalisé.

A proximité de la gare se sont installées des banques de renom bien que leurs filiales ne soient que provisoires.

Page No. 43: Au nord du "Lukas-Klause" commence la **"promenade au bord de l'Elbe"**, un chemin pour piétons qui mène au pont levant tout en longeant l'Elbe. En s'y promenant, on passe devant le **"Petriförder"**, l'embarcadère des bateaux qui assurent un service de promenades d'agrément sur l'Elbe. Les bateaux partent d'ici pour des visites à l'élévateur pour bateaux, à Niegripp et à Herrenkrug. En continuant la promenade de "Petriförder" dans la direction du pont, on passe devant plusieurs statues et fontaines qui datent de l'époque récente. A noter "Le passeur" par Eberhard Roßdeutscher ou "La fontaine aux poissons", ainsi que des statues créés par H. Apel.

Page No. 44: La maison d'édition et d'impression du **"Volksstimme"** se situe dans la rue Bahnhofstrasse. La première édition du journal local de Magdeburg parût en 1890. Aujourd'hui, le journal est devenu le quotidien le plus populaire dans le chef-lieu régional. En plus, la maison assure aussi l'édition des hébdomadaires "MZ" et "Generalanzeiger".